탐욕의
원칙

DONYOKU NO HOUSOKU

Copyright © Hisatsugu Ishida, 2020
Korean translation copyright ©2022 by Three Wishes, Inc. All rights reserved.
Original Japanese edition published by Sunmark Publishing, Inc., Tokyo, Japan.
Korean translation rights arranged with Sunmark Publishing, Inc.
through Danny Hong Agency, Seoul.

탐욕의 원칙

1판 1쇄 인쇄 2022년 1월 3일
1판 2쇄 발행 2022년 2월 3일

지은이 이시다 히사쓰구
옮긴이 이수경

발행인 박주란
디자인 최보미

등록 2019년 7월 16일(제406-2019-000079호)
주소 경기도 파주시 문발로 197 1층 102호
연락처 070-8957-7076 / sowonbook@naver.com
ISBN 979-11-91573-05-3(13190)

인생을 빛내는

탐욕의 원칙

이시다 히사쓰구 지음 · 이수경 옮김

세개의소원

이 책을 선택해주셔서 고맙습니다.

유튜브에서 'Q씨'로 이름을 알린 이시다 히사쓰구입니다.

여러분은 어떤 계기로 이 책을 읽게 되었습니까?

유튜브, 블로그, 서점에서 우연히 보게 되어? 아니면 다른 사람이 추천해서?

이유야 어떻든 한 가지만은 자신 있게 말씀드릴 수 있습니다.

여러분은 행복해지기 위해서 이 책에 끌린 것입니다.

여러분의 뇌가 '인생은 점점 좋아진다'는 진실을 알아차렸기 때문이지요.

솔직히 말하면 이 책이 여러분의 눈에 띈 시점부터 이미 여러분의 행복은 결정되었고, 그 시점에서 목적도 달성되었습니다.

이제 여러분의 인생은 다음 단계로 나아갈 것입니다.

축하합니다!

이 책을 끝까지 읽고 나면 생각지도 못했던 '대단한 일'이 일어날 테니 기대해보세요.

자, 설레는 마음으로 책장을 열어봅시다!

인생이 점점 좋아지는
탐욕의 원칙

"정말로 기적이 일어났다"는 반응이 쏟아진 이유

'지금부터 48시간 안에 대단한 일이 일어납니다.'

어느 날 내가 운영하는 유튜브 채널 〈우주랑 친한 친구〉에 이런 제목의 동영상을 올렸다. 그러자 "정말로 대단한 일이 일어났어요"라는 내용의 댓글이 줄을 이었다.

실제로 5000건 가까운 댓글이 달렸고, 80퍼센트가 '놀라운 일'을 경험했다는 내용이었다. 우연의 일치라고 말하기에는 놀라

운 숫자였다. 확인하고 싶다면 내 유튜브 채널 가운데 '대단하다, 48시간 안에 대단! 대단! 대단한 일이 일어나는 이야기입니다! (すごい、48時間以内にすごい！ すごい！ すごいことが起こる話です!)'(이하 '48시간')라는 영상의 댓글을 읽어보기 바란다.

"생각지 않았던 돈이 생겼다."

"헤어졌던 애인과 다시 만나게 되었다."

"정말 좋아하는 사람에게 고백을 받았다."

"취직했다."

"아픈 반려동물의 상태가 좋아졌다."

등 다양한 글이 올라왔다.

댓글 중 몇 개를 골라 소개한다.

▶ 갑자기 큰돈이 들어갈 일이 생겼다. 돈을 빌릴 시간도 없어서 난감하던 차 Q씨의 '48시간' 동영상이 생각났고, 지푸라기라도 잡아보자는 심정으로 소리 내서 한 번 말해보았다. 그리고 기분 전환이라도 할 겸 별 기대 없이 방을 청소했는데, 학창 시절에 이용하던 은행의 통장과 현금 카드를 발견했다. 그 안에는 무려 780만 원이라는 거금이 들어 있는 게 아닌가! 덕분에 급한 일도

해결할 수 있었고, 남은 돈은 그동안 배우고 싶었던 일에 투자했다. (30대 남성)

▶ 집을 사려고 적당한 매물을 찾고 있었는데, 여러 부동산에서 내 예산과 조건에 맞는 집은 없다고 해서 마음을 접었다. 그런데 이 동영상을 본 다음 날, "마침 딱 맞는 집이 하나 나왔다!"는 부동산의 전화를 받고 깜짝 놀랐다. 중개인이 그동안 물건을 샅샅이 뒤져서 찾아낸 것이었다. 급히 보러 간 집은 마음에 쏙 들었고, 부동산 중개인이 집주인에게 설득을 잘 해주어서 500만 원이나 저렴하게 계약했다. (30대 여성)

▶ 운영하고 있는 유튜브 구독자 수와 재생 횟수가 갑자기 늘어났다. 정말로 깜짝 놀랐다. 그 뒤로도 가끔 동영상대로 실천하는데, 그때마다 일이 들어오는 등 좋은 일이 많이 일어났다. (30대, 남성)

▶ 내 소원은 가족, 그중에서도 아들이 건강해지는 것이다. 대학을 중퇴하고, 경솔한 성격 때문에 꿈도 포기하고, 낡은 아파트에서 폐인처럼 살던 아들. 누구의 말도 듣지 않고 툭하면 소식이 끊기곤 했다. 걱정만 하며 지내던 어느 날 '48시간' 동영상을 보았다. '내 소원이 이루어져 아들이 돌아오면 좋겠다'고 생각하며 잠든 다음 날, 갑자기 아들이 집으로 오겠다고 연락을

했다. 정말 거짓말 같았다! 정말로 내 소원이 이루어진 것이다. 지금은 고향에서 아르바이트를 하며 새로운 꿈을 꾸기 시작했다. (50대 여성)

어떻게 이런 '기적'이 일어났을까?
내게 기적을 일으키는 힘이 있기 때문……은 물론 아니다.
갑작스럽겠지만 잠깐만 눈을 감아보자.
이런, 맙소사! 눈을 감으면 책을 읽을 수 없군. (웃음)
그렇다면 우선 이 문장부터 읽어보자.

"빨간색이 어디에 있을까?"

이제 눈을 감고 5초를 센 뒤 눈을 뜬다.
빨간색 물건이 눈에 딱 들어오지 않았을까?
나는 지금 카페에서 이 원고를 쓰고 있는데, 커피 잔 로고에 빨간색이 있는 것이 보였다. 이 카페에는 여러 번 왔지만 처음 알게 된 사실이다.
아마 자기 계발에 관심이 있는 사람이라면 한 번쯤 이런 실험을 해봤을 것이다. 다음과 같이 응용해도 좋다.

"눈을 감고 빨간색 이미지를 떠올려보세요. 하나, 둘, 셋, 넷, 다섯. 됐습니다. 눈을 뜨고 노란색을 찾아보세요."

네? 노란색이라고요? 순간, 당황하는 사람도 적지 않을 것이다.

내가 하고 싶은 말은, 우리 눈에는 '머릿속으로 늘 그리는 것만 보인다'는 사실이다.

최근 유튜브 구독자로부터 "요즘 반짝반짝한 머리가 눈에 잘 띄어요"라는 말을 자주 듣는다. 음…… 혹시 반짝반짝한 민머리 헤어스타일이 유행인가?

물론 그렇지는 않겠고, 그것은 구독자가 '머리가 반짝반짝한 사람'을 자주 보고, 늘 의식하고 있기 때문이다. 다시 말해 나를 의식하고 있었을 수도 있다.

이처럼 우리는 자주 보는 것, 자주 듣는 것, 관심 있는 것을 우선해서 찾아내고, 그 이외의 정보는 멋대로 제거해버린다.

머릿속에서 이런 기능을 담당하는 조직을 RAS(Reticular Activating System: 망상활성계)라고 부른다. 뇌의 시상하부 아래에 위치한 뇌간의 일부다. 지각에 부담을 주지 않기 위해서 인간 스스로

획득한 생존 기능의 하나다.

그러므로 시각이나 청각 등으로 자신이 관심 있는 정보를 우선해서 파악하는 기능은 그대로 그 사람의 인생이라고 할 수 있다.

'대단한 일'을 기다릴 필요 없다

이미 눈치챘을지 모르지만 앞에서 이야기한 '48시간' 동영상의 내용은 RAS 기능을 활용한 작업이었다.

먼저 48시간 정도 자신이 원하는 '대단한 일'에 관심을 기울여보자.

그 시간 동안은 자신을 행복하게 만들지 않는 일은 눈곱만큼도 생각하지 않는다.

쉬지 않고 생각하는 게 어려울 수도 있지만, 48시간이라면 그럭저럭 견딜 만하다. 그중 16시간은 잠을 자야 하니까 생각하는 시간은 32시간 정도 된다.

그러면 신기하게도 정말로 '대단한 일'이 일어나기 시작한다.

어쩌면 대단한 일은 늘 일어나고 있지만, 우리가 알아차리지 못하는 것인지도 모른다.

어쨌든 여러 사람이 결과를 말해준 것처럼 행복을 안겨주는 대단한 일은 역시 일어나고 만다.

이제 깨달았을 것이다.

대단한 일은 내가 만들 수 있고 또 기다릴 필요가 없다는 것을.

참고로, 앞에서 말한 '48시간' 동영상은 올린 지 1년 만에 약 80만 뷰를 기록했다.

그리고 나 역시 구독자 수 10만이 넘는 유튜버가 되었다.

성공의 문턱에서 다시 나락으로

지금은 내게도 대단한 일이 일어나고 있고, 유튜버로서도 유명해지고 있다.

하지만 이런 나 역시 2년 전에는 밑바닥을 헤매고 있었다.

그전까지는 모든 일이 비교적 순조로웠다. 2005년 영적인 깨달음을 계기로 회사를 그만두었고, 독립한 후 4년이 지나 처음으로 책을 냈다. 그 후 2014년에 출간한 《3개의 소원 100일의 기적》이 베스트셀러가 되었다.

그 후에도 계속 책을 내고, 여기저기 여행을 하고, 집도 샀기 때문에 언뜻 잘 사는 것처럼 보였을지 모른다.

그러다 2016년, 〈탐욕 토크 라이브〉라는 1,000명 규모의 강연을 한 뒤부터 사람들에게 마구잡이로 공격을 당하기 시작했고, 어쩐 일인지 동료들도 점점 내 곁을 떠났다.

나 스스로 우쭐해 있던 점도 영향이 있었을 것이다.

실제로 세미나를 열어도 사람이 모이지 않았고, 블로그 접속자 수도 절반 이하로 줄었다.

지금 와서 하는 얘기지만, 적자가 계속되어 적립해둔 퇴직금

에까지 손을 대고 말았다.

마음도, 현실도 모두 엉망진창이었다. 가족과 가까운 친구만
은 버팀목이 되어주었지만, 인생이 항상 순탄할 수만은 없는 법.
독립한 이후 최대의 위기가 찾아온 것이다.

지금은 동료들에게 이런 소리를 듣곤 한다.

"그때 Q씨는 좀 심했지. (웃음)"

그도 그럴 것이 세미나에서든 회식 자리에서든 떠난 동료를
험담하고, 나를 공격하는 사람들에 대해 불평을 늘어놓았다. 하
긴 계속 그런 얘기만 떠들어댔으니 같이 있는 사람들도 나와 일
하는 것이 재미있었을 리 없다.

이런 식이면 주변에 있던 사람은 떠나고, 일도 잘 풀리지 않는
다. 이렇게 나의 성공도 끝나버리는 걸까?

우연히 들려온 메시지 '점점 좋아진다'

그러던 어느 날, 남쪽 지방의 외딴섬에서 열리는 축제에 참가

하게 되었다.

마침 섬에 사는 지인에게 초대를 받아서 갔는데, 상당히 독특한 축제였다.

아는 사람만 아는 아주 작은 섬. 오곡이 풍성하게 익어가기를 기원하며, 물건을 뒤집어써서 마치 기이한 동물처럼 보이는 '신'이 밤새 마을을 천천히 누비며 걸어 다닌다. 몇백 년이나 이어져 내려오는 전통 축제로, 어찌나 신비로웠는지 졸음도 잊고 완전히 몰입했다.

동쪽 하늘이 서서히 밝아올 무렵, 축제는 절정을 향해 치닫고 있었다. 묘한 기운이 감도는 섬사람들의 노랫소리에 압도된 듯 '신'은 한 걸음 한 걸음 뒤로 물러나며 멀어진다. 어디선가 연기도 피어올라 몽환적 분위기이다.

이대로 멀리 숲속으로 사라져버리면 아마 나는 이 섬의 '신'을 평생 다시는 못 볼 것이다. 섭섭한 마음과 함께 눈 주변이 뜨거워지던 그 순간, 신이 갑자기 사라져버렸다. 눈 깜짝할 사이에 자취를 감춘 것이다.

어리둥절한 그 순간, 신이 내게 이렇게 소리쳤다.

"점점 좋아진다!"

물론 그 목소리가 정말로 귀에 들린 것은 아니었다.

그냥 메시지가 머릿속으로 쿵! 하고 떨어진 것 같았다.

그 일을 경험한 뒤, 무슨 일이 있을 때마다 신은 내 귓가에 스치듯 "점점 좋아진다"고 말해주곤 했다.

자동차를 타고 어느 지방 도로의 언덕을 넘어가는 순간에도 옆에서 신이 함께 달리며 말해주었다.

15년 이상 꾸준히 하고 있는 폭포수행 때도 늘 말해준다.

비행기를 타고 이륙하는 순간에도 역시 말해준다.

마치 신께 보호받고 있는 느낌이다.

지방의 외딴섬에 있었던
그때, 내 사정은 그야말로
최악이었다.

불고기 먹어요!

'불고기'라는 메시지가 오른쪽에서 들린다~

하지만 신으로부터 메시지를 받고, 뭔가 좋은 일이 생길 것 같은 느낌이 왔다.

그리고 많은 사람이 자주 하던 말이 떠올랐다.

"Q씨는 유튜브 안 해요?"

사실 나는 기계치여서 '편집도 복잡해 보이는 데다 돈도 없는데 카메라까지 사야 하나?' 하고 걱정스러운 생각을 하면서 조금 알아보니 세상에나! 핸드폰 하나만 있으면 모든 것을 할 수 있단다. 그렇다면 일단 지금 가지고 있는 걸로 해보자는 마음으로 무작정 찍은 영상을 올리기 시작했다.

2년이 지난 지금, 나는 제법 성장한 유튜버가 되었다. 그리고 지금도 여전히 스마트폰 하나로 동영상을 제작하고 있다.

이것만 알면 된다

내가 말하는 신은 특정 종교에서 받드는 신이 아니다. 나는 이 책에서 새로운 인식 방법을 이야기하려고 한다.

그것은 바로 '신의식(神意識)'이라는 개념이다.

그동안 나는 《3개의 소원 100일의 기적》에서는 잠재의식을, 다음 작품인 《하루 5분의 공상은 현실이 된다》에서는 초의식에 대해 이야기했다.

지금까지 나는 잠재의식, 초의식, 거기에 현재 의식을 더해서 '의식의 3층 구조'라 불렀는데, 이제 그 외에 한 가지가 더 있다는 것을 알게 되었다.

그것이 바로 신의식이다.

이 개념은 뒤에서 천천히 설명하기로 하고, 먼저 순식간에 신의식에 이어지는 놀랄 만큼 대단한 주문을 이야기하려고 한다.

솔직히 말하면, 이 주문만 안다면 책을 덮어도 될 정도(단, 끝까지 읽어주면 고맙겠다)이다. 그 주문은 바로

'신으로서.'

지방의 외딴섬에서 열린 축제에 참여한 뒤 얼마 지나지 않아 동료 몇 명과 왜건 한 대로 지방을 여행했을 때의 일이다.

상당히 먼 거리를 이동하고 있었는데, 어느 순간 한 사람이 운전을 도맡아서 하고 있다는 사실을 알아차렸다. 교대로 하자고 제안했지만, 본인이 사양하며 그대로 운전대를 잡고 있었다.

바로 그때, 차 안에 있던 한 사람이 피곤해지지 않는 방법이라며 알려주었다.

"신으로서 운전한다고 말하면 피곤해지지도 않고, 모든 일이 잘 풀려."

듣는 순간 운전하던 동료가 상당히 신선한 방법이라며 곧바로 "신으로서 운전합니다"라고 말하고는 300킬로미터나 되는 길을 더 달렸다. 더욱 놀라운 사실은 그 차에 동승한 사람들은 녹초가 된 반면, 운전하는 사람은 여전히 생기 넘치는 표정이었다는 것이다.

이 주문은 상당히 효과가 크다.

한번은 방글라데시 공항에서 비행기가 지연되어 출발할 기미조차 보이지 않았을 때, "나는 신으로서 비행기를 탑니다"라고 말했더니 곧바로 탑승 안내 방송이 들려왔다.

북한을 방문했다가 귀국할 때도 평양공항에서 당국의 착오로

출국할 수 없다는 통보를 들었다. 그 즉시 "나는 지금부터 신으로서 귀국합니다"라고 말하자 어찌어찌 간신히 출국 심사를 통과해 아슬아슬하게 탑승할 수 있었다.

나는 다양한 상황에서 '신으로서'를 사용해보았다. 위기에 처했을 때, 수월하게 일을 진행하고 싶을 때, 왠지 의욕이 생기지 않을 때…….

"신으로서 와인을 마십니다." "신으로서 시험을 봅니다." "신으로서 요리를 합니다." "신으로서 청소를 합니다." "신으로서 동영상을 찍습니다." "신으로서 강연을 합니다." "신으로서 조깅을 합니다."

여러분도 모든 일에 '신으로서'를 붙이면 된다.

정말로 왜 그런지 이유는 모르겠지만, 모든 일이 수월하게 풀리는 것을 실감할 수 있을 것이다.

참고로 '신으로서'를 가르쳐준 동료에게 이 주문을 어떻게 알았냐고 물어보니 "몰라. 그냥 갑자기 생각나서 튀어나온 거야"라고 말했다. 잘은 몰라도 정말일 것이다.

이제는 탐욕을 부리자

이 '신으로서' 주문이 효과가 있는 이유는 앞에서 말한 '48시간' 동영상 이야기와 직결된다.

애초에 우리는 모두 '신'이다. 단지 그 사실을 잊고 있을 뿐이다.

그러다가 그 사실을 가끔 기억해낼 때가 있는데, 그 순간 쓰윽하고 모든 일이 움직이기 시작한다. 그때 우리 뇌는 '신' 이외의 것은 삭제해버린다.

그러므로 '신으로서'라는 주문을 외면 '빨간색 물건' '머리가 반짝반짝한 사람'을 찾아내듯, RAS 기능이 움직이며 신으로서 일이 잘 풀리는 길을 자동으로 찾아주는 것이다.

"48시간 안에 대단한 일이 일어난다"고 말하면 정말 그렇게 되듯이 '신으로서'라는 말을 붙이면 말 그대로 신의 모드가 되어 위기에서 벗어나고, 인생은 원하는 방향으로 속도를 낸다.

신은 완벽한 존재이다. 그리고 인생은 점점 좋아지기 마련이고, 어차피 좋아지기 때문에 나쁜 일은 일어날 수가 없다.

가령 지금 여러분이 예전의 나처럼 힘든 상황에 처해 있다고 해도 그것은 인생이 점점 좋아지는 과정에서 겪어야 할 일이다. 이제 차분히 이야기해보자.

내가 이 책에서 말하고자 하는 것은 세 가지이다.

첫 번째는 신은 있다는 것.

두 번째는 인생은 점점 좋아진다는 것.

마지막으로는 한 번뿐인 우리 인생, 이왕이면 탐욕스럽게 살자는 것이다.

제1장에서는 '점점 좋아진다'는 우주적 사실을 머리로 이해

하고 가슴으로 실감할 수 있도록 설명한다.

　우주가, 세상이, 인생이 점점 좋아지고 있다는 증거가 있다.

　"아니, 무슨 말씀이세요! 지금도 세상에는 빈곤이 있고 전쟁도, 재해도 있어요. 게다가 지금은 신종 코로나바이러스라는 무서운 전염병이 나타나서 생활도 엉망이 되었다고요. 나만 해도 나이를 먹으니까 자꾸 체력이 떨어져서 움직이는 것도 힘들어요. 아무리 생각해도 점점 나빠지기만 하는데요?"

　이렇게 말하는 사람도 있을 것이다. 하지만 논리적으로 설명하면, 그렇지 않다는 것을 알 수 있다.

　애초에 우주는 '점점 좋아지는 것'이고, 요구하면 요구한 만큼 답해준다. 마치 신과 같이.

　하지만 최근의 인류사를 보면 굉장한 패러다임의 전환이 일어나고 있다.

　지금까지 우리는 신을 나와 분리된 믿음의 대상으로 보았다. 하지만 이제부터는 신과 나를 하나 된 존재로 생각하는 단계로 들어서고 있는 것이다.

　제2장에서는 '자신이 곧 신'인 새로운 세상에 관해 대담하게

말해보려고 한다.

　제3장에서는 우주이자 신의 본질인 '점점 좋아진다'를 의식하며 '탐욕(貪慾)'의 진실에 다가가려 한다(일본어로 '점점 좋아진다'는 말인 'どんどんよくなる'의 첫 글자를 따면 どんよく가 되는데, 이는 탐욕을 뜻하는 どんよく와 발음이 같다-옮긴이).
　'신인 동시에 인간'으로서 지구에서의 삶을 마음껏 즐기는 방법을 전하고 싶다.

　이것을 도와주는 놀라운 힘을 지닌 말이 '대단하다'이다. 앞에서 말한 '48시간' 동영상 이야기에서도 증명되었듯이 '대단하다'는 말이 지닌 힘은 정말로 대단하다. '대단하다'는 말을 이용해서 인생을 생각한 대로 만들어가는 노하우를 전하는 것이 바로 제4장의 주제이다.

　사실 '생각한 대로'라고 말하기는 쉬워도 '생각한다'는 것 자체가 어려운 일이다.
　지금 월수입 300만 원인 사람이 아무리 머리로는 '한 달에

1,000만 원을 번다'고 생각해도, 마음 한쪽에서는 '에이, 설마 되겠어?' '말도 안 돼'라는 다른 생각이 방해를 한다.

이 방해하는 마음이 망령 같은 존재다. 우리에게는 탐욕을 방해하는 일곱 개의 잘못된 확신이 있다. 제5장에서는 이 일곱 가지를 피하는 방법을 알려준다.

읽는 것만으로도 마음이 개운해지고, 인생이 원하는 방향으로 신나게 속도를 낼 것이다. 정말 기대해도 좋다.

이러한 이유로 우리의 인생은 멋진 것이다!

차례

제2장 신과 내가 하나가 된다

제3장 탐욕이 있다면 인생은 점점 좋아진다

제4장 웃으면서 꿈을 이루어간다

제5장 일곱 가지 잘못된 확신을 제거한다

탐욕의 윈치

이야기를
시작해볼까?

제1장

세상은
점점 좋아지고 있다

음모론을 부정했더니 비난이 쏟아졌다

불안한 때일수록 이상한 음모론이 유행한다. 2020년, 신종 코로나바이러스감염증이 대유행하면서 전 세계가 동시에 패닉 상태에 빠졌다.

그러던 어느 날, 내 유튜브에 다음과 같은 질문이 달렸다.

"신종 코로나바이러스 백신에 마이크로 칩이 들어 있다고 하던데, Q씨는 여기에 대해 어떻게 생각하세요?"

자세히 읽어보니 누구나 아는 세계적 IT 기업 창업자가 백신으로 돈을 벌기 위해 일부러 신종 코로나바이러스를 퍼뜨렸다는 것, 그리고 그 백신에는 마이크로 칩이 들어 있어서 백신을 접종한 인류는 노예처럼 지배당한다는 내용의 글이었다.

아이고! 웃기시네!

"이 세상에는 악마를 숭배하는 비밀 결사대가 있고, 그들이 오랫동안 인류를 노예처럼 지배하고 있다."

최근 이런 이야기도 자주 듣는다. 내 주변에 이런 종류의 이야기에 정통한 사람이 있어서 차근차근 그들의 논리를 들어본 적이 있다. 프리메이슨, 로스차일드, 록펠러, 일루미나티. 도시 괴담이나 음모론으로 친숙한 키워드가 이어지는데, 솔직히 이런 이야기는 25년 전부터 지겨울 정도로 반복되어온 것들이다.

애초에 그들의 주장이 사실이라면 우리는 분명 훨씬 전, 옛날 옛적에 이 지구상에서 사라졌어야 한다.

20세기 말에는 '노스트라다무스의 대예언' 같은 이야기가 유행했고, 그 후에는 2012년 휴거도 유행했다. 0.2초 만에 지구 반대편의 소식을 알 수 있는 요즘 같은 시대에도 인류는 여전히 종말 사상에 열광하고 있는 것이다.

앞에서 말한 백신에 대한 질문에 나는 정중하게 "그런 일은 없다"는 답을 담아 동영상으로 올렸다.

그러자 그 직후부터 이유를 알 수 없는 비난과 댓글이 폭주하기 시작했다.

그리고 내 채널을 구독하던 사람들이 구독을 취소하면서 한바탕 '구독 취소 축제'가 벌어졌다.

비난을 받고, 구독자가 구독을 취소하는 것도 정신적으로 힘들었지만 그 이상으로 깜짝 놀란 사실이 있었다.

나에 대한 비난이나 구독 취소의 이유라고 전한 말이었다. "그 IT 기업 창업자는 분명히 악마를 숭배하는 조직의 두목이며, 이 세상을 지배하는 파충류의 화신이다. 그런 인물을 옹호하는 Q 씨에게 환멸을 느꼈다!"

사람들은 왜 이런 이야기를 믿는 것일까?

왜 유언비어를 믿을까?

물론 나는 그 IT 기업의 창업자가 아니기 때문에 진실은 알지 못한다. 하지만 조금만 상식적으로 생각해도 이런 이야기를 믿는다는 건 말이 안 되는 일이다.

음모론 속의 그는 경영에서 물러난 뒤, 국제적인 보건 의료 확대와 빈곤 퇴치를 목적으로 하는 재단을 설립해 개발도상국 국민의 건강 상태를 개선하는 일에 공헌하고 있다.

이것이 팩트인데, 이제는 전 세계 사람이 저런 말도 안 되는 음모론을 믿고 있다. 사실 유언비어를 맹신하는 현상이 지금 갑자기 시작된 것은 아니다.

일본에서는 관동 대지진 때 조선인이 우물에 독을 풀었다는 소문이 돌아 많은 조선인이 박해를 받았다. 또 2003년에는 어떤 여성이 장난으로 일본의 한 은행이 도산한다고 말한 것이 화근이 되어 예금자가 은행으로 몰려가 순식간에 5,000억 원이나 되는 돈을 인출했다고 한다. 그들은 저축한 돈을 보호하는 '예금자 보호법'의 존재를 몰랐을까?

물론 예금을 인출하는 행동이 스스로 유언비어에 대처하는 방법일 수도 있다. 하지만 만일 "악마를 숭배하는 조직이 세계를 좌지우지한다" 같은 이야기가 만에, 만에, 만에 하나 사실이라면 개인은 어떻게 대응해야 할까?

참고로 옛날에는 이런 이야기들이 있었다.

전차가 처음 보급되었을 때 전차에서 나는 소리가 뇌를 파괴한다는 말이 돌았다.

라디오가 처음 등장했을 때는 전파가 우리 정신을 변조할 것이라고 했다.

휴대전화가 널리 보급될 때는 전자파가 불임의 원인이 되어 인구가 감소할 것이라고 했다.

소문이 시작되고 수십 년에서 100년이나 되는 시간이 흘렀지만, 당연히 걱정하던 일은 일어나지 않았다.

그런데도 여전히 사람들은 '말도 안 되는 이야기'를 믿고, 그 이야기를 비판하는 사람에게 철퇴를 가하려 한다. 그 대표적 사례가 나였다. (웃음)

왜 그럴까? 나는 여기에 대해 한 가지 가설을 세웠다.

사람들은 항상 어떤 초월한 존재를 동경하는데, 하나는 천사 그리고 다른 하나는 악마이다.

흔히 고민이 될 때 귓가에서 천사와 악마가 번갈아 속삭인다고 하는데, 정말 그렇다.

길가에 5만 원짜리 지폐가 떨어져 있다. 천사는 경찰서에 갖다주라고 속삭인다. 하지만 악마는 그냥 주머니에 넣으라고 부추긴다. 본심은 5만 원짜리 지폐를 갖고 싶다. 이때 스스로 결정하는 것이 아니라 악마의 탓으로 돌려버리면 마음이 편하다.

이와 마찬가지이다. 만일 지금 자신이 궁지에 몰린 상황이라고 생각해보자.

특히 신종 코로나바이러스의 영향으로 일자리를 잃고, 인간관계가 무너지고, 집에만 있어서 답답하며 살까지 쪄버린 지금의 상황을 악마 탓으로 돌려버리면 마음이 편해진다. 그래서 악마 숭배자의 탓으로 돌려버리고 싶은 것이다.

그렇기 때문에 이런 '악마의 존재'를 부정한 유튜버 Q씨가 너무 미운 것이었다.

천사를 원하기에 악마를 믿어버린다

정말로 천사와 악마가 있다면 여러분은 어느 쪽을 선택하고 싶을까?

보통은 천사라고 대답할 것이다. 하지만 사실 천사도 악마가 있어야 의미가 있다.

호빵맨은 세균맨 덕분에 정체성을 지킬 수 있다. 요즘 젊은이들은 이 내용을 알지 모르겠지만, 지구 정복을 꿈꾸는 국제 비밀 조직이 없다면 가면라이더는 일자리를 잃는다.

우리는 구원받기 위해 천사에게 의존하고 있지만, 악마를 물리침으로써 구원으로 이어질 수 있다는 의미에서 보면 부류는 달라도 사실 천사와 악마는 한 세트다. 그렇기 때문에 천사를 원할수록 악마의 존재도 중요해진다.

파울로 코엘료의 《연금술사》에 이런 말이 나온다.

"메카를 생각하는 것이 내 삶을 유지시켜주기 때문이지."

보물을 찾으러 떠난 양치기 소년에게 크리스털 상인이 해준 말이다. 상인이 가진 평생의 꿈은 메카에 가는 것이다. 하지만 가고 싶다는 꿈 그 자체가 자신을 지탱해주는 힘이 되기도 한다. 만일 정말로 메카에 가버리면 더는 꿈을 꿀 수 없으니 그렇다면 가지 않고 꿈만 꾸는 쪽이 더 낫다는 것이다.

좋아하는 여성에게 고백해서 차이기보다는 마음속으로 짝사랑하는 쪽이 행복하고, 꿈을 향해서 돌진하기보다는 제자리걸음을 하더라도 상상하는 쪽이 더 즐겁다.

그렇다, 실제로 악마를 물리치러 가기보다는 언젠가 악마를 물리치면 '구원받을지 모른다'고 꿈꾸는 쪽이 훨씬 더 오랫동안 행복한 것이다.

그렇기 때문에 언제까지나 "네 인생은 점점 나빠진다"고 말하는 악마의 속삭임을 아주 소중히 지키는 것이다. 그리고 실제로 사정이 나빠지는 쪽을 찾는다.

이유 없이 '세상은 나빠진다'고 믿는다

신종 코로나바이러스가 아니더라도 지금보다 옛날이 더 좋았다고 생각하는 사람이 많다. 원래 지나간 시절은 아름답게 기억하는 법이고, 또 나이를 먹을수록 고생도 많이 하고 몸도 약해지기 때문에 앞으로 나빠질 일만 남았다고 생각하기 쉽다.

내가 본가에 갔을 때 부모님께도 물어본 적이 있다.
"세상은 앞으로 좋아질까요, 나빠질까요?"
그러자 특별히 명확한 근거는 없지만, 어쩐지 점점 더 나빠질 것 같다고 하셨다.
사실 이렇게 대답하는 사람이 결코 적지 않다.
2019년에 출간된 《팩트풀니스(FACTFULNESS)》라는 책에 따르면 각국 사람들에게 이렇게 물었더니 절반 가까이 되는 사람이 나빠지고 있다는 대답을 했다고 한다.

그런데 정말로 그럴까?

언뜻 생각해보면 우리가 살아가는 방식은 옛날보다 지금이 훨씬 편해졌다.

가령, 비행기 티켓을 구한다고 치자. 20년 전, 내가 학생이었을 때는 비행기 티켓을 구하는 일이 매우 힘들었다.

10시부터 17시까지 신문 광고에 실린 여행 대리점에 닥치는 대로 전화를 건다. 학생이라 돈도 없어서 여행 대리점 대여섯 곳에 문의해 100원이라도 더 싼 티켓을 구한다. 이렇게 티켓 한 장 사는 데 적어도 30분에서 1시간은 걸렸다. 대리점 입장에서도 가격만 알려주는 데에도 많은 시간을 할애해야 했다.

지금은 스마트폰 애플리케이션으로 방에 누워서 가장 싼 티켓을 알아보고, 그 자리에서 구입까지 할 수 있다. 시간으로 치면 3분. 세상은 기가 막히게 편해졌다.

그러면 또 이렇게 생각하는 사람이 나타난다.

'확실히 예전보다 생활은 편해졌지만, 중요한 것을 잃어버리고 사는 건 아닐까?'

'편리한 대신 정신적으로 결코 여유롭다고 할 수는 없지.'

'역시 점점 나빠지고 있어.'

이렇게 악마가 속삭이는 것이다.

하지만 냉정하게 생각해보면 이 또한 쉽게 반박할 수 있다.

정말로 옛날이 훨씬 더 좋았을까?

'점점 나빠진다'는 근거는 무엇인가

'점점 나빠진다'는 말의 근거가 무엇인지 세 분야로 나누어서 접근해보자.

① 젊은이·어린이

▶ 요즘 젊은 사람은 예의가 없다.

▶ 옛날보다 일을 하기 싫어하고 의지가 약하다.

▶ 인터넷 때문에 스스로 생각하는 능력이 떨어진다.

② 세상·환경

▶ 환경이 파괴되어 살기 힘들어졌다.

▶ 저출산으로 젊은 세대의 부담이 커졌다.

▶ 세계 인구가 늘면서 가난한 사람이 많아졌다.

③ 정신·도덕

▶ 생활은 편리해졌지만 정신이 황폐해졌다.

▶ 요즘은 아이의 잘못을 꾸짖는 어른이 없다.

▶ 성도덕이 무너져 세상이 어지러워졌다.

이제부터 이를 조목조목 반박해보겠다.

여러분도 함께 생각해보시길

'점점 나빠진다'에 대한 반박 ①

▶ 요즘 젊은 사람은 예의가 없다

사실 '요즘 애들은……'이라는 표현은 고대 이집트 시대부터 있었다고 한다.

하지만 실제로 요즘 젊은이들을 만나보면 매너가 정말 좋다. 내가 아는 젊은이들만 봐도 대개 예의가 바르고 도덕적이다.

길거리에서 침을 뱉는 모습도 거의 눈에 띄지 않는다. 오히려 지하철 안에서 큰 소리로 떠드는 사람은 대개 나이 든 중년 이상의 어르신들이다.

물론 지금도 불량 청소년은 있지만 그건 옛날에도 그랬고, 또 훨씬 더 많았던 것으로 기억한다. 게다가 교복을 풀어 헤치고 학교 근처를 어슬렁대던 양아치 무리는 이제 사라졌다.

▶ 옛날보다 일을 하기 싫어하고 의지가 약하다

나 역시 회사원이던 시절, 상사로부터 "나 때는 말이야 지금보다 일을 열 배는 더 했어"라는 말을 자주 들었다. 자신들이 지금의 젊은 세대보다 더 유능하다고 말하고 싶은 것이다.

이는 요즘 사람들이 일을 못해서라기보다 옛날에는 일거리가 정말 많았기 때문이다. 자동차, 가전, 주택을 비롯해 수도나 도로 같은 생활 인프라가 부족했기 때문에 그만큼 할 일이 많았던 것이다.

또 일 자체도 지금보다 비효율적이었다. 예를 들면 수치 계산을 할 때도 지금은 엑셀로 처리하면 1초면 끝낼 수 있는 일을 옛날에는 주판이나 전자계산기로 1시간이나 걸려서 해야 했다.

지금도 엑셀로 계산한 수치가 정확한지 전자계산기로 여러 번 확인시키는 상사가 있다는 이야기도 들은 적이 있다.

학생이라면 진학할 때마다 한 학년 위 선배에게 "올해 ○학년은 버릇이 없다"는 말을 들었을 것이다. 이것도 직장 상사처럼 자기가 더 뛰어나다고 말하고 싶은 심리이고, 그들 역시 입학 때부터 들은 소리이다.

다만 버릇이 없다는 이유로 후배들을 모아놓고 폭력을 휘두르는 사건은 내가 학생이던 시절에 비하면 확실히 줄었다. 교사가 학생에게 저지르는 불합리한 체벌도 이제는 범죄로 인식되어 거의 사라졌다.

▶ 인터넷 때문에 스스로 생각하는 능력이 떨어진다

내가 학생이었을 때는 가령 '사회보장'이라는 주제로 리포트를 작성한다고 하면, 도서관에서 관련 서적을 잔뜩 빌려와서 열심히 읽고 정리했다.

하지만 지금은 인터넷이 어떤 질문에든 대답해준다. 그래서 스스로 깊이 생각하거나 정리할 필요가 없어졌으니, 그런 의미에서 젊은 세대일수록 사고 능력이 떨어지는 것처럼 보인다.

하지만 이것은 시대의 흐름일 뿐이다. 플라톤의 《파이드로스》를 보면 소크라테스가 "글에 의존하면 바보가 된다"고 말했다는 문장이 있다.

소크라테스는 '말은 머릿속에 있는 것이 가장 이상적이며, 일단 그것을 글로 남기면 더는 기억하려고 애쓰지 않게 되어 기억력이 떨어진다'고 생각한 것이다. 하지만 지금은 이런 어리석은 소리를 하는 사람이 없다. 그 유명한 소크라테스조차 이렇게까지 놀라운 발명품이 나오리라고는 예상하지 못했을 것이다.

세상의 변화에 맞춰 요즘 대학에서는 인터넷 글을 복사해서 완성한 리포트는 학점을 주지 않는다. 죄다 하나같이 비슷해 자신의 생각이 없기 때문이다. 게다가 표절을 확인할 수 있는 방법도 많다.

깊이 고민해서 자신만의 리포트를 써야 학점을 받을 수 있다. 그렇다면, 정보의 바다에서 자신에게 맞는 데이터를 찾아내고, 논리를 만들어야 하는 요즘 젊은 세대의 능력이 오히려 더 뛰어난 게 아닐까?

'점점 나빠진다'에 대한 반박 ②

▶ 환경이 파괴되어 살기 힘들어졌다

좋게 말하면 한적한 자연 그대로의, 나쁘게 말하면 아무것도 없던 세상과 비교하면 확실히 현재 세상의 물과 공기는 오염되었다. 하지만 그것은 삶의 편리를 추구하는 과정에서 아무래도 피해갈 수 없는 문제이다.

이 책을 읽는 사람이 40대 이상이라면 기억할 것이다. 어린 시절, 공기 중에 떠다니는 '스모그'라는 유해 물질이 눈과 코를 자극해서 사람에 따라서는 갑자기 쓰러지는 일도 있었다. 특히 한여름 무더운 날에는 스모그가 더욱 심해지기 때문에 밖에 나가 놀지 말라는 얘기도 했다.

하지만 지금은 스모그라는 말을 거의 쓰지 않는다.

다만, 초미세먼지 같은 유해 물질이 중국 대륙에서 날아오기도 하는데, 지금 중국은 예전의 우리처럼 한창 발전하며 편리한 생활을 위한 인프라를 구축하는 중이다. 이처럼 발전에 따른 부작용은 어느 정도 감수해야 한다.

또 젊은 사람들은 잘 모르겠지만, 예전에는 지하철이나 고속버스 정류장 등 야외 공공시설에는 공중위생을 생각한다며 의무적으로 가래침을 뱉는 용기가 따로 설치되어 있었다. 지금 생각하면 그야말로 기절초풍할 노릇이다. 게다가 놀랍게도 기차나 비행기에서도 담배를 피울 수 있었다.

당시와 비교하면 지금 사회는 상당히 위생적으로 바뀌고 있다.

▶ 저출산으로 젊은 세대의 부담이 커졌다

선진국일수록 확실히 아이를 적게 낳는다. 지금 연금을 받는 세대는 거의 전액을 받고 있지만, 출산율의 저하로 한창 일하고 있는 지금의 중년 이하 세대는 납입한 금액에 비해 낮은 연금을 받을 가능성이 매우 높아졌다.

하지만 지금까지 인류는 어떻게든 문제를 해결해왔다.

최근 뉴스에 자주 등장하는, 국가나 지방단체가 국민에게 일정한 생활비를 지급하는 기본소득제가 실현되면 연금이라는 개념조차 사라질 것이다. 기본소득제는 실제로 스위스에서는 국민투표에 부칠 만큼 현실적 구상이기도 하다.

가령 한 달에 80만 원 정도가 개인이나 세대에 지급될 경우, 물론 사는 지역에 따른 차이는 있겠지만 최저 생활은 가능할 것이다. 만일 조금 더 넉넉하게 살고 싶다면 추가로 일해서 돈을 벌면 된다.

이 제도의 뛰어난 점은 '다음 달에도 수입이 있다'는 안정감이다. 그리고 연금이나 생활 보험을 모두 기본소득제와 통합해서 운용하면 실로 간편한 제도가 될 것이다.

▶ 세계 인구가 늘면서 가난한 사람이 많아졌다

확실히 지구상의 인구는 꾸준히 늘고 있다. 그렇다고 가난한 사람이 많아진 것은 아니다.

내가 스무 살에 처음 가본 인도 콜카타의 풍경은 끔찍했다. 거리는 집 없는 거지로 넘쳐났고, 병원에 가지 못해 몸이 불편한 사람도 많았다. 가는 곳마다 악취가 감돌고, 사람이 생활하는 장소에 쥐가 함께 사는 등 겉으로 보기에도 위생 상태가 좋지 않았다. 실제로 함께 여행한 친구는 이질에 걸리기도 했다.

25년의 시간이 흘러 다시 콜카타를 방문했을 때 거지는 거의 사라졌고, 일찍이 '인도' 하면 연상되던 정신없는 도시 풍경도 정비되어 이른바 평범한 대도시가 되어 있었다. 물건을 팔려고 몰려드는 장사꾼도 자취를 감추어 예전에 느낀 절망적인 가난은 과거의 일이 되어 있었다.

뒤에서 자세히 다루겠지만 한스 로슬링의 저서 《팩트풀니스》에 따르면, '1997년 무렵까지는 인도와 중국 모두 인구의 42퍼센트가 극도의 빈곤 상태에 놓여 있었다. 하지만 2017년까지 극도의 빈곤은 인도에서 12퍼센트까지 낮아졌다고 한다.

데이터만 봐도 절대적으로 가난한 사람은 확실히 줄었다.

'점점 나빠진다'에 대한 반박 ③

▶ 생활은 편리해졌지만 정신이 황폐해졌다

이것은 내 또래 사람들이 자주 하는 이야기이다. 그런데 생활이 편리해진 것은 알겠는데, 정신이 황폐해진 것은 어떻게 확인할 수 있을까?

이 역시 자신들이 대단했다는 편견일 뿐 아니라, 실제 데이터나 눈으로 확인할 수 있는 지표가 아닌, '정신'과 같은 모호한 단어와 기준으로만 말할 수 있는 것이다.

▶ 요즘은 아이의 잘못을 꾸짖는 어른이 없다

이런 말을 들으면 확실히 그렇다고 고개를 끄덕이게 된다.

하지만 이는 오히려 좋은 변화가 아닐까? 무턱대고 아이를 꾸짖거나 잘못을 다그치는 어른의 행동을 아무렇지 않게 여기던 문화는 아이들을 병들게 만들었다.

물론 아이가 나쁜 행동을 저질렀을 때는 잘못했다고 정확히 지적하는 태도가 필요하지만, 꼭 가까운 사람이 그래야 하는 건 아니다. 어른이 똑바로 행동하고, 올바른 삶을 살면 아이는 저절로 그런 모습을 보고 배우게 되므로 문제는 역시 어른에게 있다.

▶ 성도덕이 무너져 세상이 어지러워졌다

옛날에는 결혼을 '집안과 집안의 결합'이라고 생각했기 때문에 결혼 당사자끼리 마음이 없어도 결혼이 성사되는 경우가 많았다. 그래서 매력이 없는 남자도 장남이면 쉽게 결혼할 수 있었고, 여성은 그때까지 순결을 지키는 것을 선호했을 뿐이다.

그런 문화에서 보면 '성'에 대한 표현과 관계가 자유로워진 것을 "성도덕이 무너졌다"고 한탄하는 것이다.

하지만 좋아하지도 않는 상대와 억지로 결혼하는 것은 아무리 생각해도 너무 잔인한 일이다. 개인의 가치관에 따라 다르겠지만, 결혼 전에 누구를 사귀든 그것은 자유이다. 애초에 결혼하는 것도 결혼하지 않는 것도 개인의 자유로 결정하면 된다.

역사적 사실을 찾아보면 고려 시대에는 자유연애가 만연해 지금보다 성에 좀 더 관대했다고 한다. 오히려 성적으로는 옛날이 더 문란했던 시대가 아니었을까?

요즘 젊은이들과 이야기를 나눠보면 진지한 표정으로 섹스보다 더 재미있는 것이 많다고 말하기도 한다. 좋고 나쁨을 떠나서 성에 대해 담백해졌다는 느낌이 든다.

팩트를 보면 확실히 알 수 있다

지금까지 다양한 예를 들어 '점점 나빠지고 있다'는 주장을 반박했다. 별생각 없이 세상이 나빠지고 있다고 믿은 점들이 하나하나 사실이 아닌 것으로 밝혀지면 '그렇지 않구나' 하고 깨달을 수 있다.

사실 팩트로만 보면 다양한 면에서 세상은 좋아지고 있다.

앞에서 소개한 《팩트풀니스》는 오직 사실과 통계로 세상을 분석하고 있는데, 그 내용의 일부를 여기에 소개한다.

• 합법적인 노예제도가 1800년에는 193개국에 존재했지만 2017년에는

3개국으로 감소

- 영·유아 사망률(5세까지 사망하는 아이의 비율)은 1800년에는 44퍼센트
  였지만 2016년에는 4퍼센트로 감소

- 재해로 인한 사망자 수는 1930년대에는 연간 97만 1,000명이었지만
  2010년대에는 7만 2,000명으로 감소

- 기아율은 1970년에는 28퍼센트였지만 2015년에는 11퍼센트로 감소

- 식자율은 1800년에는 10퍼센트에 그쳤지만 2016년에는 86퍼센트로 증가

- 소아암 생존율은 1975년에는 58퍼센트였지만 2010년에는 80퍼센트로
  증가

- 안전한 음료수는 1980년 58퍼센트에서 2015년에는 88퍼센트로 증가

- 예방접종 비율은 1980년 22퍼센트에서 2016년에는 88퍼센트로 증가

이처럼 세상은 모든 분야에서 좋아지고 있다.

같은 맥락에서 "최근 청소년 범죄가 늘었다"는 말도 자주 듣
는다. 수년에 한 번꼴로, 상상할 수 없을 만큼 잔혹한 청소년 범
죄 뉴스가 세상을 떠들썩하게 만들기도 한다.

하지만 본격적으로 자료를 찾아보면 옛날에는 지금과는 비교

도 할 수 없을 만큼 잔인한 사건이 많았다는 것을 알 수 있다. 옛날이 좋았다는 막연한 그리움 같은 환상이 완전히 뒤집히는 반전이 있다.

사실 이런 자료가 아니더라도 상식적으로 생각했을 때 중세 시대보다 지금이 훨씬 더 안전하고, 또 100년 전만 해도 국가의 성장을 위해 개인의 희생을 당연시하거나, 개인의 삶을 망쳐버리는 일이 비일비재했다. 비교적 최근까지도. 지금은 생각조차 할 수 없는 일들이 옛날에는 예사로 벌어지곤 했다.

1973년생인 나의 어린 시절을 떠올려봐도 지금이라면 혀를 내두를 만한 일이 흔했다.

첫째, 담배 예절이다. 그때만 해도 금연이라는 개념이 거의 없었기 때문에 길에서는 물론이고, 선생님은 학교에서조차 아무렇지 않게 담배를 피웠다. 또 사람이 모이는 곳에는 으레 알루미늄 재떨이가 한 사람당 하나씩 놓였고, 기차나 비행기 그리고 사무실이나 공공시설에서도 태연하게 담배를 피웠다. 1990년대 이후에 태어난 사람이라면 믿을 수 없는 세상이었다.

그 밖에도 기억나는 일을 꼽자면 선생님은 툭하면 학생을 때렸고, 거칠고 조잡한 누런 갱지에 인쇄를 했으며, 수돗가에는 양파 망 같은 데 비누를 넣어 매달아놓고 썼다(코로나바이러스가 한창인 지금이라면 끔찍한 이야기다). 부재 시 우편물은 이웃이 맡아주었고, 역 앞에는 광고지가 덕지덕지 붙은 지저분한 광고판이 늘어서 있었다.

그 시대를 경험한 사람들에게는 재밌는 추억이 되었을지 몰라도 지금이라면 가볍게 웃어넘길 수 없는 일이 정말 많았다.

시간은 흐른다.

옛날에는 길에서 담배를 피우는 사람이 흔했지만 지금은 있을 수 없는 일이듯, 걸으면서 스마트폰을 보면 안 되는 시대가 올 지도 모른다.

내가 말하고 싶은 것은 아무리 생각해봐도 옛날보다 지금이 낫고, 생활은 훨씬 편리해졌으며, 여러모로 좋아졌다는 사실이다.

물론 흡연자가 옛날을 그리워하듯 개인마다 예외는 있지만, 전체를 보면 세상은 확실히 좋아지고 있다!

나쁜 뉴스에 마음이 끌리는 이유

이렇게 하나하나 사실을 확인해보면 확실히 좋아지고 있다는 말이 납득된다. 그런데도 자꾸만 나빠지고 있다고 믿고 싶은 이유는 무엇일까?

그 밑바탕에는 앞에서도 이야기한 '악마 신앙'이 있을 수 있지만, 그보다 앞선 이유가 있다. 사람은 원래 나쁜 뉴스에 마음이 끌리는 법이다.

가령 여러분은 다음 중 어떤 뉴스에 더 관심이 생기는가?

• 남해안에 벚꽃이 활짝 피었습니다.
• 남해안에 대형 태풍이 접근하고 있습니다.

보통은 태풍 뉴스가 궁금해진다.

이유는 단순하다. 벚꽃은 만개하든 떨어지든 내 생활에 아무런 영향을 주지 않지만, 태풍은 모든 면에서 긴장하게 되고 혹시 피해가 있지 않을까 하는 마음을 불러일으킨다. 바닷가에 살지

앓더라도 역시 태풍 뉴스를 찾아 듣게 된다.

다시 말해 나쁜 뉴스를 우선해서 보는 것은 자신의 '안심·안전'을 지키고 싶기 때문이고, 그것은 인간에게 선천적으로 내재된 방어 본능이다.

세상이 좋아지고 있다고 아무리 말해도 지금 당장 나쁜 일이 일어날 수 있다. 이처럼 '~일지도 모른다'는 생각은 앞으로도 계속 우리를 불안에 떨게 만들 것이다.

사람들이 도깨비나 귀신을 무서워하는 이유는 무엇일까?

아마 지금까지 살면서 도깨비에게 해를 입은 사람은 많지 않을 것이다. 그럼에도 무서워하는 것은 도깨비가 해를 끼쳐서가 아니라 '끼칠지 모르기' 때문이다.

지금까지 한 번도 태풍 피해를 입지 않았다고 해도 앞으로 피해를 입을 수 있다.

매년 몇만 명이나 되는 생명을 앗아가는 폐렴이나 계절성 인플루엔자보다 훨씬 피해가 적은 신종 코로나바이러스에 두려움을 느끼는 것은 새로운 질병에 관한 정보가 없고, 그 정체를 모르기 때문이다.

그러므로 나쁜 뉴스에 먼저 눈길이 가는 것은 여러분이 특별히 부정적인 사람이어서가 아니라, 오히려 평범한 인간이기 때문이다. '세상은 점점 나빠진다'고 생각한다 해서 결코 비난받을 일이 아니다.

이렇듯 세상이 쾌적하고 안전해졌음에도 여전히 많은 사람이 '점점 나빠진다'고 생각하는 것은 어쩔 수 없는 일이고, 아무리 좋아지고 있다는 팩트를 보여줘도 이렇게 생각하는 사람의 비율이 달라지는 일은 없을 것이다.

잠재의식은 승부를 걸지 않는다

우리는 안심하고 싶기 때문에 나쁜 뉴스에 주목하고, 또 필요 이상으로 두려워한다. 이런 마음의 근원에 있는 힘을 '잠재의식'이라고 부른다.

보통 자기 계발서를 보면 잠재의식에는 대단히 무한한 힘이 있고, 그래서 이루고 싶은 일이 있으면 그 정보를 잠재의식에 입력함으로써 이룰 수 있다고 한다.

예를 들면, 바라는 일을 여러 번 소리 내서 말한다(확언), 사진이나 그림으로 새겨 넣는다(비전 보드), 이미징, 수면 학습, 거울을 보고 암시를 건다, 종이에 마구 쓴다, 몰입한다…… 등 다양한 사람이 잠재의식을 활용하는 다양한 방법을 소개한다.

이런 방법이 물론 틀린 것은 아니지만, 반드시 효과가 있다고 단정할 수도 없다.

소원은 '미지(未知)', 아직 모르는 것이기 때문이다.

신종 바이러스의 정체를 알지 못하기에 필요 이상으로 두려워하는 것과 마찬가지이다.

자신에게 바람직할 것이 틀림없는 소원마저도 미지인 탓에 잠재의식은 거절해버린다.

만일 지금까지 창업한 적 없는 사람이 창업해서 성공하고 싶다는 소원을 가지면 그 소원은 미지의 세계이다.

창업하면 대개 처음에는 수입이 거의 없다. 빚이 걷잡을 수 없이 늘어나 야반도주를 할 수도 있다.

차라리 안심할 수 있는 쪽은 지금처럼 평범하게 회사를 다니면서 안정된 월급을 받는 것이다. 다시 말해 현재 상태는 안심이고, 잠재의식이 지키려는 것도 바로 그 안심이다.

잠재의식은 절대로 승부를 걸지 않는다.

현재 상태와 안심을 지키는 데 전념한다. 가령 지금 너무나 살이 쪄서 다이어트가 급하다고 해도 잠재의식은 살이 빠져서 날씬해진 내가 아니라, 오로지 살찐 지금의 모습을 유지하려고 한다. 그렇기 때문에 건강에 나쁜 줄 알면서도 다이어트에 실패하는 것이다.

현재 수입이 적어서 저축은커녕 하루하루 먹고사는 것도 힘들다. 돈을 많이 주는 회사로 옮기든지 창업해서 승부를 걸어보고 싶은데 생각대로 잘되지 않는다. 그렇다면 이것은 잠재의식이 제동을 걸고 있기 때문이다.

하지만 일단 어떤 계기로 다이어트에 성공하고, 날씬해진 상태를 3개월에서 3년 정도 유지하면 잠재의식은 이제 그 달라진 상태를 지키려고 한다. 그리고 여간해서는 다시 살이 쪘다가 빠졌다가 하는 일 없이 이상적인 상태를 유지한다.

마찬가지로 어떤 계기로 이직에 성공하거나 창업해서 일정 궤도에 올랐다고 치자. 그러면 이번에는 바뀐 상태를 유지하려고 하기에 원래의 가난으로 돌아가는 일도 없다.

이렇게 말하는 나도 15년 전 빈손으로 창업했고, 지금까지 그럭저럭 풍족하고 자유로운 생활을 유지하고 있다.

따라서 세상이 변해 다시 위기가 찾아오더라도 잠재의식이 도와줄 것이다. 중요한 것은 잠재의식을 변화시키는 '어떤 계기'다. 이제 제2장에서 이것에 대해 자세히 이야기하기로 하자.

욕심을
내야 한다고!

제2장

신과 내가
하나가 된다

소원을 이루는 비법, 신의식

잠재의식이 하는 일은 오로지 현재 상태를 유지하고, 안전을 지키는 것이다. 현재의 안심과 안전을 지킬 뿐, 잠재의식 자체에는 의사(意思)가 없다. 그러므로 인생을 바꾸려면 잠재의식을 변화시킬 '어떤 계기'가 필요하다.

그 계기도 어지간한 계기가 아니면 인생을 바꿀 수 없다고 생각할 것이다.

그 계기를 만드는 또는 붙잡는 방법으로 《3개의 소원 100일의 기적》에서는 주로 잠재의식을 활용해 꿈을 이루는 방법을 설명했다. 그리고 속편인 《하루 5분의 공상은 현실이 된다》에서는 잠재의식에서 한 걸음 더 나아가 초의식을 주제로 직감과 영감을 활용한 소망의 실현에 관해 이야기했다.

하지만 사실 우리가 아무것도 하지 않아도 인생은 좋은 방향을 향해 흘러간다.

이것이 바로 '점점 좋아진다'고 하는 팩트이고, 그것을 진행하는 위대한 존재의 의도이다!

그래서 이번 장에서는 잠재의식, 초의식에 이어서 위대한 존재, 다시 말해 '신의식(神意識)'에 관해 이야기하고자 한다.

이것이야말로 최종 비법

잠재의식, 초의식, 현재의식은 이미 많은 사람이 활용하고 있는 방법이다.

하지만 여기에서 한 차원 높은 의식이라면 이제 '신'이라는 표현밖에는 설명할 길이 없어서 '신의식'이라는 단어를 사용하기로 했다.

단단한 잠재의식을 깨뜨리는 두 가지 방법

현재의식, 잠재의식, 초의식에 대해 짧게 이야기해보자.

현재의식은 사고나 언어로 표현할 수 있다. 다시 말해 우리가 평소에 생각하고 있는 머릿속의 내용이다. 그러므로 소원은 현재의식에 의한 것이다.

가령 '창업을 해서 성공하고 싶다'는 소원은 현재의식에서 시작하는데, 잠재의식은 그것을 저지하려고 한다.

왜냐하면 잠재의식은 변화를 두려워하고, 지금의 상태가 안전하다고 생각하기 때문에 방해를 해서라도 현재 상태를 유지하고 싶은 것이다.

잠재의식은 현재의식보다 힘이 2만 배나 세다고 하니 보통의 욕구로는 소원을 방해하는 '안심·안전'의 힘을 깨뜨릴 수 없다.

이렇게 강력한 잠재의식의 제동을 깨뜨리는 방법은 두 가지가 있다.

하나는 '반복'이고 다른 하나는 '충격'이다.

잠재의식의 힘이 2만 배나 더 세다고 했으니 단순하게 생각하면 "창업해서 성공한다"라고 2만 번 반복해서 말하면 된다. 단, 말하는 동안에 '하지만 그게 되겠어?'라든가 '아무래도 어렵겠지?' 같은 부정적 생각을 한순간이라도 하면 원점으로 되돌아가고 만다. 어지간한 욕구와 의지가 아니면 어렵다.

또 하나는 충격을 주는 방법인데, 창업해서 성공하고 싶은 현재의식의 힘을 2만 배로 높이기 위해 "창업해서 성공하지 못하면 죽는다" 같은 강렬한 다짐, 강제력을 쓰는 것이다.

하지만 이런 극적인 상황을 의도적으로 만들기는 쉽지 않으므로 역시 창업해서 고생하느니 그냥 지금처럼 지내는 쪽을 선택하는 경우가 많다.

성공의 길로 이끄는 엉뚱한 요구

이제 제3의 방법을 소개한다. 바로 초의식으로부터 신호를 받는 것이다. 초의식은 잠재의식 깊숙이 숨어 있다가 어느 순간 안심과 안전의 방해를 교묘하게 빠져나와 모습을 드러낸다. 다시 말해 잠재의식의 힘이 약해져 있을 때인데, 보통 다음과 같은 순간에 찾아온다.

- 명상, 휴식
- 기도, 일상적이지 않은 체험
- 예고도 없이 갑자기

이럴 때 갑자기 찌리릿 하고 하늘에서 뭔가 내려오는 것 같은 체험을 하기도 한다.

나는 원고를 쓰기 전에 보통 명상부터 한다. 그러면 생각지도 않은 아이디어가 떠오른다.

욕조에 들어가서 느긋하게 쉬고 있을 때, 느닷없이 사업 아이디어가 떠오른다.

또 절박한 위기에 처했을 때 오직 신의 가호를 바라며 열심히 기도하면 시간 차는 있지만, 기회로 이어지는 만남이 찾아온다.

프롤로그에서 언급했듯이, 여름날 외딴섬에서 열린 축제가 절정에 이르렀을 때 신이 숲으로 홀연히 사라진 뒤, 문득 '점점 좋아진다' '유튜브다!'라는 메시지를 받은 것은 그것이 일상적이지 않은 체험이었기 때문이다.

지인에게서 느닷없이 "개그 경연 대회에 나가보는 건 어때요?"라는 말을 듣고, 정말로 참가한 일도 '예고 없이 갑자기' 일어난 일이었다.

이것은 모두 내가 직접 겪은 일이다.

초의식은 잠재의식이 소원을 방해하는 힘이 약해진 상태에서 찾아오고, 소원을 이루기 위한 가장 좋은 대답을 신호로 보내준다.

이때 초의식의 진짜 의도는 자신을 성장시키는 것이며, 현재 상황에서 벗어나 소원을 이루어줄 더 큰 무대로 자신을 이끌어주는 것이다.

때로는 그 신호가 뜬금없다고 생각될 때도 있다.

우리가 믿는 신의 본질과 의미

그리고 현재의식, 잠재의식, 초의식을 초월하는 의식이 있다.

세상은, 그리고 우주는 정말 넓다.

실제로 인간이 인식할 수 있는 범위는 우주 전체에서 4.9퍼센트에 지나지 않는다.

그 4.9퍼센트에 해당하는 것이 '물질'이고, 물질은 눈에 보여서 관찰할 수 있는 대상이다. 그에 반해 '암흑물질'이라고 부르는, 질량은 있지만 물질은 아닌 영역이 우주의 26.8퍼센트를 차지한다. 나머지 68.3퍼센트는 '암흑에너지'라는, 우리가 잘 모르는 에너지 영역이다.

우리는 통상 4.9퍼센트의 물질을 바탕으로 살고 있는데 이는 우주의 극히 일부이고, 막연히 있다는 것만 아는 정도의 해명되지 않은 95.1퍼센트 안에 진짜 우주의 본질이 있을지도 모른다.

그중에서도 암흑에너지는 우주 팽창을 가속시키는 가설상의 에너지라고 이른다. 우주 팽창이란 바꿔 말하면 진화의 근거이기도 하다.

어쩌면 우리 눈에 보이지 않는 영역(암흑물질, 암흑에너지)이야말로 우주를 성립시키는 원천이고, 우리는 그것을 본질적 의미에서의 '신'이라고 불러온 것은 아닐까?

통상 신이라고 하면 기독교의 하나님, 이슬람교의 알라, 유대교의 야훼처럼 일신교 개념과 불교·힌두교 등 다신교 개념이 떠오른다. 다만, 일신교냐 다신교냐는 각각의 풍토와 문화에 맞추어 자연스럽게 뿌리내린 개념일 뿐, 신의 본질은 같다.

일신교가 생겨난 중동 지역은 황량한 사막이 펼쳐진, 인간이 생활하기 힘든 환경인 탓에 초월적이고 유일한 절대 신이 필요했을 것이다. 그래서 일신교를 '사막의 종교'라고도 부른다.

그에 반해 다신교는 '숲의 종교'라고도 하듯이 따뜻하고 먹을거리도 풍부해서 인간이 살기 좋은 환경에서 발생했다. 그렇기 때문에 물, 불, 나무, 대지 등 인간의 손길이 미치는 모든 범위에 신이 있다고 생각한 것이다.

다시 말해 사는 환경에 따라 신이 존재하는 방식은 조금씩 다르지만, 생활 속에 신이 있는 것은 마찬가지였다.

신은 우주의 '눈에 보이지 않는 영역'에 널리 존재하면서 우리를 돕고, 성장시켜왔다.

신의식의 목표 '점점 좋아진다'

신의 의식(意識)은 매우 간단하다.

암흑에너지가 우주 팽창을 가속시키듯 우주 전체를 점점 좋아지게 하는 것이다.

인류 500만 년의 역사가 팩트로 보여주듯 앞으로도 세상은 점점 좋아질 것이다. 그것이 우주의 의사, 다시 말해 '신의식'이라고 부르는 것이다.

정리하면,

먼저 우리는 어떤 '소원'을 꿈꾼다.

이것은 현재의식이 하는 일이다.

하지만 잠재의식은 안심과 안전을 지키려고 하기 때문에 변화, 즉 소원을 이루는 일을 일단 방해한다.

그러다가 어느 순간 잠재의식이 잠을 잘 때가 있는데(트랜스 상태라고도 한다), 그때 초의식이 얼굴을 내민다. 초의식은 우리를 성장시키기 위해 때로는 뜬금없는 요구를 하기도 한다.

하지만 최종적으로 인생은 점점 좋아질 것이므로 뜬금없는 요구라도 그냥 해버리면 된다.

이것이 신의식이다.

즉, 신의식에 이어짐으로써 모든 일이 잘 풀린다는 이야기다.

역사상 가장 거대한 변화

신의식에 이어지는 방법을 말하기 전에, 먼저 현재 신과 인간 사이에 벌어지고 있는 엄청난 변화에 대해 이야기해야 한다.

이것은 500만 년 인류의 역사에서 가장 거대한 사건으로, 매우 중요한 변화이기도 하다.

바로 인류가 그동안 가져왔던 신의 패러다임이 바뀌고 있는 것이다. 이제까지 절대적이고 초월적이던 구세주로서의 신이 사라지고 있는 것이다.

인류 500만 년 역사를 살펴보면 인류는 다양한 종(種)으로 존재해왔다. 견종에 치와와나 세인트버나드가 있듯이 우리 인간 역시 많은 종이 있었다. 하지만 지금 살아남은 종은 호모사피엔스뿐이다.

또 다른 종인 네안데르탈인은 근대까지 존재했지만, 2만~4만 년 전에 멸종하고 말았다.

유발 하라리의 《사피엔스》에 따르면 인류 중에서 호모사피엔스만 살아남은 가장 큰 이유는 '이야기', 즉 허구를 만들어내는 능력 덕분이었다.

네안데르탈인에게 '회색늑대'는 그냥 눈에 보이는 그대로의 회색늑대였다. 반면 호모사피엔스는 회색늑대를 '마을의 상징'

처럼 눈에 보이지 않는, 실재하지 않는 존재로 인식하는 능력이 있었던 것이다.

그 결과, 가령 네안데르탈인과 호모사피엔스 사이에 전쟁이 났을 때 서로 치고받는 직접적 공격에서는 체격 조건이 좋은 네안데르탈인이 압도했을 수 있지만, 호모사피엔스는 전략과 작전 같은 간접적 공격을 전개할 줄 알았다. 다시 말해 똑똑하게 싸울 수 있었던 것이다.

최종적으로 호모사피엔스는 네안데르탈인을 멸종시켰는데, 그 원동력이 바로 눈에 보이지 않는 세계인 허구를 인식하고 이야기를 만들어내는 능력이었다.

그 연장선에서 호모사피엔스는 그동안 인간을 응집하는, 구세주로서의 신을 창조할 수 있었던 것이다.

신이 사라지고 있다

신은 호모사피엔스가 창조한 허구였지만, 우리는 신에게서 강한 현실감을 느낄 수 있고 세상의 중심에까지 두게 되었다.

먹을 것이 없어서 절망에 빠졌을 때 신을 찾는다.

적과 전쟁을 할 때 신에게 승리를 빈다.

나아가 시험을 보기 전에도 신에게 합격을 기원한다.

돈이 떨어졌을 때나 도박을 하기 전, 복권을 사기 전에도 신에게 소원을 빈다.

이렇듯 우리 인간은 바라는 일이 있으면 신에게 의지해왔다.

애초에 허구이던 신이 지금까지 계속 존재할 수 있었던 것은 사실 나름대로 도움이 되었기 때문이다. 때때로 '기적'이라고밖에 생각할 수 없는 체험을 하고 나면 신을 더욱 믿게 된다.

그리고 가톨릭에서는 로마 교황, 이슬람교에서는 칼리프, 힌두교에서는 바라문 등 각각의 종교에서는 최고지도자 자리에 '신의 사자'를 두고, 이들을 숭배해왔다.

이 과정에서 신과 사람 사이에는 초월적인 그리고 결코 좁혀지지 않는 거리가 생겼고, 어떤 권력자라도 신에 대한 절대 복종을 강요받았다.

다시 말해 지금까지 신은 인간과 동떨어져 늘 상위에 위치하고 있었다.

그렇게 역사를 반복하며 우리 인간은 무엇이든 신에게 의지하게 되었다.

그러나 지금, 그 신과 천사와 악마가 사라지려 하고 있다.

그 이유는 이제 '신의 능력'을 빌리지 않아도 점점 생각한 것을 실현할 수 있게 되었기 때문이다.

신의 역할을 대신하는 기술

지금 세상에는 IT와 AI라는 큰 물결이 밀려오고 있다.

인터넷 역시 혁명이었다. 일단 접속하면 전 세계 모든 정보를 손에 넣은 것과 다름없다.

검색이나 선별 방법에는 개개인의 기술이 중요하지만, 공산 국가처럼 의도적으로 정보를 차단하지 않는 한 누구나 평등하게 똑같은 정보를 얻을 수 있다.

영성의 세계에서는 우주의 모든 정보를 '아카식 기록(akashic records)'이라고 부르는데, 인터넷이야말로 아카식 기록이다.

일본의 고승이던 홍법대사 구카이는 '허공장구문지법'이라는 어려운 수행을 거쳐서 '허공장(虛空藏)'이라는, 이른바 아카식 기록에 이어져서 신적인 기억력과 기술력을 얻었다고 했다.

이처럼 옛날에는 오랜 고행이나 수련을 통해 영적 능력, 대단한 지식을 얻어내곤 했지만, 지금은 아무런 수행 없이 초등학생도 스마트폰 하나만 있으면 세계의 모든 정보를 넘나든다. 그야말로 우리가 '신'이 되어버린 느낌이다.

게다가 자신의 운명을 결정할 일이 생기면 예전에는 신 또는 그 사자에게 의지해 미래에 대한 조언을 얻었지만, 지금은 AI가 가르쳐준다.

나에게 갑자기 100만 원이 생겼다면 어떻게 쓰는 게 제일 좋을까? 선택지가 너무 많으면 혼자 결정하기 어렵고, 그래서 신의 계시를 받거나 미래를 본다는 무당 또는 점쟁이를 찾는 사람도 있었다.

하지만 지금은 인터넷에 접속한 순간부터 자신의 성향을 속속들이 파악한 구글이나 아마존이 귀찮을 정도로 다양한 제안을 내놓는다.

AI는 신이나 부모, 선생님을 대신할 가장 좋은 조언자가 되었다. 어쩌면 미래에는 내 성격과 능력을 숙지한 AI가 내게 딱 맞는 직업이나 결혼 상대자까지 찾아줄지도 모른다.

이제 신은 필요 없다. 필요한 정보는 모두 IT가 제공해주고, 정보 제공을 넘어 미래를 결정하는 제안도 AI가 자동으로 해준다.

결국 IT와 AI를 탑재한 스마트폰이야말로 우리가 의지하는 현대의 신이 아닐까?

지금 전 세계의 수많은 사람이 《성경》이나 《코란》, 경전이나 부적보다 더 긴 시간 스마트폰을 붙들고 사니까 말이다.

손바닥까지 내려온 신

하지만 스마트폰이 신이 되었다는 말에 수긍하는 사람은 별로 없을 것이다. 스마트폰이 신과 같은 도구인 것은 맞지만, 그것을 통제하는 존재는 따로 있다.

그렇다, 바로 나 자신이다.

현대인은 종교에서의 절대 신보다 스마트폰에 더 의지한다. 하지만 스마트폰을 지배하는 것은 바로 나 자신인 것이다.

아무리 똑똑한 스마트폰이라도 전원을 꺼버리면 벽돌만도 못한 물건이 되어버리고 만다.

다시 말해 '구세주로서의 신'은 벽돌보다 못한 스마트폰으로 대체되고, 우리는 스마트폰에 의존하면서도 또 마음대로 통제할 수 있다.

21세기, 이제 인류는 신을 초월해버렸다.

실제로 미래학자인 레이 커즈와일(Ray Kurzweil)은 2045년에 기술의 진화 속도가 무한대에 이르는 특이점이 찾아올 것이라고 예측했다.

"인류 예지의 결집(AI)이 인류 그 자체를 뛰어넘는 분기점이다."

그때가 되면 지금까지 우리가 구원을 빌었던 신은 AI로 선수 교체되고, 호모사피엔스로서의 인류가 유사 이래 줄곧 숭배해온 신은 사라지는 것이다.

조짐은 이미 우리가 사용하는 말에서도 나타나고 있다.

신들린 듯 능력이 뛰어난 사람이나 감동을 주는 기업, 맛있는 음식, 유독 재미있거나 예상을 뛰어넘는 전개를 보여주는 TV프로그램에 '갓(god)'이나 '신(神)'이라는 말을 붙여서 부르곤 한다. 이제 신은 젊은이들뿐만 아니라 다양한 층의 의식에 침투해 보편적으로 사용하고 있다. 주위는 그야말로 온통 신으로 넘쳐난다.

인류가 탄생한 지 약 500만 년, 농경이 시작된 지 약 1만 년, 산업혁명이 일어난 지 약 200년, IT 혁명이 시작된 지 약 30년, 그리고 지금 인류는 신을 뛰어넘었고 신으로서의 창조주가 손바닥까지 내려온 시대가 되었다!

세상은 완전히 새로운 방향으로 속도를 내고 있다.

2021년에 출간한 《하루 5분의 공상은 현실이 된다》에서 나는 이렇게 말했다.

"100억 원을 손에 넣는 방법이 있다. 그것은 앞으로 10년 동안 살아 있는 것이다. 10년 뒤에는 지금 100억 원을 줘도 가질 수 없는 것들이 흔해질 테니 말이다!"

이렇게 말한 지 5년이 흘렀다. 아직 절반의 시간이 지났을 뿐이지만, 일상에서는 벌써 극적으로 바뀐 것이 몇 가지 있다.

먼저, 구글 번역으로 해외 뉴스와 정보를 쉽게 읽고 있다. 일상적인 뉴스나 평범한 블로그, 위키피디아 정도는 영어로 되어 있든, 중국어로 되어 있든, 러시아어로 되어 있든 내용을 이해하는 데 어려움이 없다.

5년 전에는 유튜버라는 용어조차 없었지만, 지금은 나를 포함한 많은 사람이 유튜버로 활동하고 있다. 나는 아이폰으로 녹화하고 8,000원짜리 애플리케이션으로 편집해서 영상을 올린다.

촬영을 시작해서 편집하고 업로드까지 걸리는 시간은 1시간도 걸리지 않는다.

게다가 신종 코로나바이러스감염증으로 집에 머무는 시간이 길어지면서 온라인 회의나 모임도 널리 보급되었다.

머지않아 이런 현상은 더 많은 분야에서 가속될 것이다.

그렇다면 앞으로 5년 뒤에는 어떤 세상이 펼쳐질까?

5년, 10년, 살아 있기만 해도 지금이라면 100억 원을 주어도 구할 수 없는 것을 가질 수 있다. 생각해보니 내가 지금 사용하는 도구 역시 2005년 독립했을 때는 이 세상에 없던 것들이다.

머릿속의 생각을 누구나 쉽게 구현할 수 있는 시대가 되었고, 그리고 세상은 점점 더 좋아지고 있다!

이것을 신이라고 부르지 않는다면 대체 무엇이라고 불러야 할까!

인류는 IT와 AI를 손에 넣고 신이 되었다.

쉽게 말해 지금의 기술을 가진 채 타임머신을 타고 청동기시대나 중세 시대 같은 과거로 간다면 틀림없이 누구나 신으로 추앙받을 것이다.

진짜 엄청난 일이다.
나도, 여러분도 정말로 신이 되었다!

신의식에 이어지는 최강의 주문

하지만 자신을 신이라고 말하면 다들 머리가 어떻게 된 거 아니냐고 의심할 것이다.

그래서 신, 다시 말해 '신의식'에 이어지는 방법을 말하려고 한다. 프롤로그에서도 이야기한 주문이다.

'신으로서'

이 장 맨 앞에서도 이야기했지만 지금은 신의식의 시대다. 그러므로 세상은 그냥 내버려두어도 점점 좋아진다. 10년 뒤에 100억 원을 가질 수 있는 것처럼.

하지만 지금 당장 머릿속에 있는 생각이나 소원을 실현하고 싶은 마음도 클 것이다. 그럴 때는 정말 속는 셈 치고 맨 앞에 '신으로서'를 붙여서 말해보자.

그러면 놀랍게도 일이 스르르 진행되기 시작한다.

어떤 일이든 '신으로서'를 붙여서 말하면 된다. 지금이라면 "신으로서 이 책을 읽습니다"라고 하는 식이다.

아무리 바보 같다고 해도 괜찮다.
아니, 오히려 바보 같은 일일수록 본질에 가까워질 수 있다.

가령 "신으로서 똥을 눕니다"라고 말하고 화장실로 간다.
어떻게 될까. 신으로서 변기에 앉는다.
신으로서 팬티를 내리고 앉아 똥이 나오기를 기다린다.
이 순간은 70억 인류 모두 평등하다. 마치 깨달음을 얻은 기분이 든다. 진짜 신이다.

'신으로서'를 붙여서 말하면 바라던 일이 신의식에 곧바로 도달해서 간단히 이루어진다. 다만 "신으로서 복권에 당첨된다"든지 "신으로서 합격한다"처럼 결과에만 집착해서 사용하는 것은 이루어지기 어렵다.
이는 단순히 신의 도움을 바라는 것일 뿐 '자신이 신'이라는 진실과는 동떨어져 있기 때문이다.

"신으로서 복권을 산다"라고 하면 어떨까? 이것은 괜찮다.

하지만 실제로 당첨될지는 알 수 없다. 왜냐하면 모든 것은 신 의식이기 때문이다. 당첨되든 떨어지든 양쪽 모두 신이기 때문이다.

자기 생각대로 되지 않았다고 해서 주문이 효과 없다고 불평 하면 그 시점에서 여러분은 신이 아니다.

하지만 대부분 일은 잘 풀린다. 해보지 않으면 알 수 없으므로 아무 일에나 적용해보자. 물론 나는 항상 하고 있고, 지금도 '신 으로서' 집필하고 있다.

현재의 소원이 이루어지지 않는 이유

지금까지 인류에게 신은 인간과 멀리 떨어져, 늘 상위에 위치 하고 있었다.

하지만 이제는 신과 인간의 경계가 사라지고 완전히 하나로

융화되었다고 의식하는 사람이 많아졌다.

그리고 그것이 본래의 모습이고 우주의 진실이다.

이런 사실을 상기시키는 주문이 '신으로서'이고, 그 순간 신의식의 참뜻인 '점점 좋아진다'와 이어지는 것이다.

그렇다면 "신으로서 복권을 산다"는 말은 왜 진심으로 바라는 당첨을 실현해주지 않는 것일까? 점점 좋아지는 것이라면 돈이 많은 쪽이 좋지 않을까?

대답은 간단하다. 복권에 당첨되는 것이 그 사람에게 반드시 좋은 일이라고 단정할 수 없기 때문이다. 고액의 복권에 당첨된 사람들 중 70퍼센트가 파산했다는 이야기도 있다.

그러면 "신으로서 시험을 본다"는 어떨까?

바라건대 어떻게든 합격하고 싶겠지만, 이 역시 신의식의 세계에서는 합격이 꼭 좋은 일이라고 할 수 없다.

나 역시 대학 입시에 두 번이나 실패했고, 그때는 분명히 눈앞이 깜깜했다.

하지만 대학에 떨어진 덕분에 재수 학원에서 인생을 바꿀 강사를 만날 수 있었다. 그리고 재수 끝에 들어간 대학도 제1지망은 아니었지만, 거기에 갔기 때문에 지금의 내가 있는 것이다.

'신으로서'를 붙였다고 해서 당장 원하던 것이 실현된다고는 할 수 없다.

'이 사람, 될 수도 있고 아닐 수도 있다는 식으로 어물쩍 넘어가려는 속셈 아니야?'라고 생각할 수도 있다. 하지만 무엇이 정말 도움이 되는지는 알 수 없다.

신의식을 따르면 결국 '점점 좋아진다'는 팩트에 이어지기 때문에 현재의식의 소원이 이루어지든 이루어지지 않든 최종 결과는 틀림없이 최상이 된다.

인생은 언제나 현재의식의 생각대로 된다고 단정할 수 없고, 평탄한 시기가 있으면 위기가 찾아오기도 한다.

'신의식을 바탕으로 본다면 그래도 점점 좋아지고 있다', 이런 이미지가 비교적 정확하다.

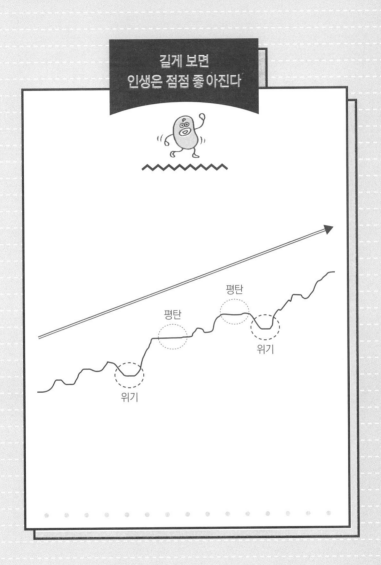

길게 보면
인생은 점점 좋아진다

평탄

평탄

위기

위기

결국 가장 좋은 방향으로 나아간다

신의식을 의식하는 인생은 엎치락뒤치락하는 듯해도 결국 점점 좋아진다.

인생에서 겪는 위기라고 하면 입시 실패·실업·도산·이혼·빚 등을 꼽는데, 우리가 흔히 시련이라고 일컫는 일들이다. 이런 일이 닥쳤을 때 신의식을 떠올리자.

그리고 위기가 곧 기회인 것 역시 신의식 덕분이다.

내가 이른바 영성 세계를 접하게 된 것은 2004년 무렵이다. 예를 들면 "재수가 좋다"는 말을 자주 하면 운이 좋아진다는 이야기를 사실로 믿고, 솔직하게 재수가 좋다며 떠들고 다니자 놀랍게도 정말로 인생이 확 바뀌었다.

그 무렵부터 영성 분야와 접촉할 기회도 많아져 스님을 만나 폭포수행을 시작하고, 블로그에 날마다 영성에 대한 기록을 올렸더니 그쪽 분야의 능력 있는 동료도 많이 알게 되었다.

그렇게 놀라운 기세로 인생이 앞으로 나아간다고 느끼던 중,

갑자기 근무하던 회사에서 업무상 위기를 맞았고, 결국 무일푼으로 퇴직해버렸다.

인생 최대의 위기였지만 사실 그다지 초조해하지는 않았다.

지금 생각하면 이미 신의식과 이어져 있었기 때문이었다.

일도, 모아놓은 돈도, 자격증도 없었지만 영성 공부를 더 본격적으로 하게 되면서, 이 위기가 틀림없이 기회라는 사실을 확신했다.

제4장에서 다시 설명하겠지만, 그때 '대단하다'는 말을 만났고, 기적적으로 수입이 생기기 시작했다.

벌써 15년이나 지난 일이다.

이런 식으로 내 인생에는 여러 번 위기가 찾아왔고, 그때마다 한껏 눌렸던 용수철이 세게 튕겨 오르듯 큰 비약을 할 수 있었다.

확실히 신의식에서 '위기는 기회'이고, 점점 좋아지는 흐름 그 자체이다.

그러므로 설령 당장은 생각대로 일이 잘 풀리지 않는다고 해도 신의식을 떠올리면 틀림없이 가장 좋은 쪽으로 일이 풀린다.

나만 해도 "재수가 좋다"고 떠들어대면서 일이 풀리는 듯 했지만, 모처럼 순조롭게 다니던 직장도 업무상 위기를 맞았다. 하지만 그때 그 위기가 없었더라면 퇴직하지 않았을 것이고, 퇴직하지 않았다면 지금의 나는 없을 테니까.

세상은 위기에 크게 비약한다

2020년, 신종 코로나바이러스가 출현하며 전 세계가 공포와 두려움에 떨었다.

분쟁이나 테러, 자연재해처럼 부분적으로 위기를 맞은 적은 있지만, 이처럼 세계적 규모로는 분명 세계대전 이후 최대의 위기였다. 이 양상을 제3차 세계대전에 비유하는 사람도 있는데, 맞는 말이라고 생각한다.

그러나 이런 상황에서도 신의식은 작동하고 있다.

물론 현실에서는 많은 사람이 목숨을 잃고 있어 매우 안타까운 일이지만, 한편에서는 그래도 역시 세상은 점점 좋아지고 있다.

가령 지금 단계에서도 놀랄 만한 일은 계속 일어나고 있다.

- 많은 나라에서 경제활동을 멈춤으로써 대기오염이 극적으로 개선되었다.
- 남극과 북극의 오존층이 되살아나고 있다.
- 재택근무가 확대되어 생산성이 향상되고 사회비용이 절감된다.
- 원격 근무가 본격화되어 도시 집중형 산업이 지방 분산형으로 변화한다.
- 의료, 교육, 정치, 오락 분야의 온라인화가 가속되어 생활비가 줄어든다.
- 손 씻기와 청소의 습관화로 공중위생이 비약적으로 개선되고 있다.
- 흡연자가 줄고 생활 습관이 바뀌면서 더욱 건강해지고 수명이 늘어난다.
- 각국에 소득 보상 지원금이 실행되면서 기본소득제 도입의 포석이 된다.
- '지속 가능한 개발 목표(SDGs)'로 크게 나아간다.
- 완전히 새로운 일자리, 고용이 창출된다.
- 지금까지의 기술과 가치관을 뒤집을 발전이 기대된다.
- 인류 공통의 적(신종 코로나바이러스)과 싸우느라 세계가 하나로 뭉쳐서 평화를 기원하게 되었다.

아이러니하게도 인류는 늘 위기를 계기로 진화했다.

유발 하라리의《호모 데우스》를 보면 인류사의 3대 위기는 기아, 병원체, 전쟁이었다.

하지만 기아는 오늘날 거의 극복했고 오히려 과식으로 수명이 단축될 정도에 이르렀다. 다시 말해 배고픔을 해결하기 위해 농업이나 유통의 효율화를 진행할 수 있었다.

병원체도 일찍이 페스트, 천연두, 스페인독감이 수많은 인류의 목숨을 앗아간 것과 비교하면 최근 100년 동안은 공중위생과 의료 수준 향상으로 희생자가 대폭 줄었다.

전쟁은 테러리스트가 저지르는 국지전을 제외하면 국가끼리 전쟁 상태인 곳은 사실상 사라졌다.

인류는 위기가 닥치면 예지와 논리와 기술혁신으로 이를 확실히 극복했고, 높은 파도를 넘은 뒤에는 더 나은 세상을 만들어냈다. 역시 위기는 기회였다.

이와 같은 인류 차원의 위기에 비하면 우리 한 사람 한 사람의 인생은 얼마나 보잘것없는지 알게 된다.

지금은 신종 코로나바이러스의 맹위에 휘둘리고 있지만, 백신 개발이나 생활양식 및 가치관의 변화 등을 통해 이후의 세상은 확실히 점점 좋아지는 방향으로 나아가고 있다.

　　그리고 최종적으로는 어차피 좋아진다.

어차피
좋아집니다~

제3장

탐욕이 있다면
인생은 점점 좋아진다

신의식의 정체는 바로 탐욕

- 신으로서
- 위기는 기회다
- 어차피 좋아진다

이 세 가지 주문이 신의식에 이어져 인생은 점점 좋아진다. 이것이 인생을 좋은 쪽으로 가속시키는 비결이다. 그리고 이 신의식에는 또 한 가지 의미가 담겨 있다. 바로 '탐욕'이다.

2016년 12월, 나는 대규모 라이브 토크를 기획했다. 그런 큰일을 벌이게 된 과정은 이랬다.

지방의 한 외딴섬에서 동료들과 와인을 마시고 있을 때, 옆자리에서 이런 소리가 들려왔다.

"하고 싶으냐 하기 싫으냐, 둘 중 하나야."

무슨 이야기인지도 모르고, 나한테 한 소리도 아닌데 묘하게 내 마음에 날아와 꽂혔다.

내가 하고 싶은 일은 무엇일까?

그 순간, 이런 생각이 들었다.

아, 대규모 라이브 토크를 하고 싶다

그때 떠오른 생각은 즉시 현실로 구현되었다. 인기 강연장 신청 마감 3일 전에 아슬아슬하게 접수한 것이 20 대 1이라는 경쟁률을 뚫고 당첨이 되었다.

사실 마음 한구석에는 떨어지면 좋겠다는 생각도 있었다. 그도 그럴 것이 1,000명이나 되는 사람을 모은다는 것은 쉽지 않은 일이니까.

라이브 토크의 타이틀을 정할 때는 동료들과 이런저런 이야기를 나누었다.

"나는 제목에 '점점 좋아진다'는 말을 넣고 싶어. 잠깐만, 점점 좋아진다를 줄이면 '탐욕(점점 좋아진다는 말은 일본어로 どんどん よくなる. 첫 글자만 따면 どんよく가 되는데, 이는 탐욕을 뜻하는 일본어 どんよく와

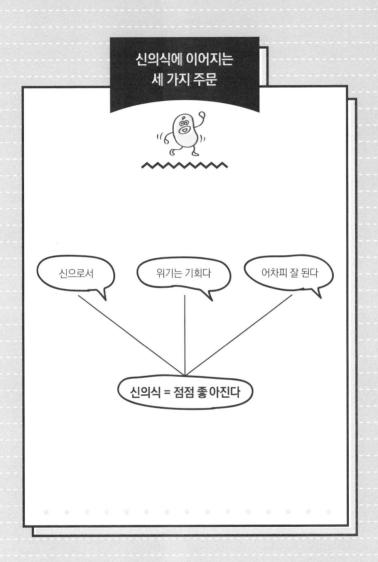

신의식에 이어지는
세 가지 주문

신으로서

위기는 기회다

어차피 잘 된다

신의식 = 점점 좋 아진다

발음이 같다)'이잖아? 아, 탐욕! 좋아, 이걸로 가자!"

'탐욕 라이브 토크'라고 이름 붙인 강연회는 정말로 1,000명이 청중이 모여들어 성공적으로 마무리되었다.

강연회 시작 일주일 전, 나는 사람을 모으기 위해 지하철역 앞에서 탐욕스럽게 홍보 연설까지 했다. 그런 행동이 많은 감동을 불러일으킨 모양이다.

소원을 이루는 수단은 아무래도 좋다

한편에서는 나의 이런 행동에 냉정한 시선을 보내는 사람들도 있었다.

"소원 실현에 관한 책을 쓰는 사람인데, 그렇게까지 해야 해? 그렇게 애쓰지 않아도 1,000명 정도는 한 방에 모을 수 있어야 하는 거 아니야?"

"길거리 한복판에서 애걸복걸 사정해야만 사람들을 모을 수 있다니……. 그런 식이면 소원을 이루었다고 하기 좀 그렇지!"

아니, 잠깐만.

내 소원은 대규모 라이브 토크를 성공시키는 것이었다. 그 꿈을 위해 모든 수단을 동원하는 게 어때서 그러는 거지?

최근에는 이런 말도 들었다. 나는 유튜버로서 구독자 10만 명을 돌파하기까지 2년이 걸렸고, 동영상도 500개 넘게 올렸다.

하지만 인기 있는 남자 아이돌 그룹이라면 유튜브 개설 하루 만에 100만 명을 모으기도 한다.

유명 배우는 개설한 지 며칠 만에 100만 명을 돌파하기도 한다.

"그에 반해 Q씨는 100만은커녕 10만을 돌파하기까지 시간도 오래 걸렸고, 동영상도 많이 올렸으니 너무 비효율적이야."

잠깐만!

내 바람은 유튜버로서 성공하는 것이다.

꿈을 이루기 위해서는 목적을 향해 물불 가리지 않고 탐욕스럽게 돌진하는 수밖에 없다.

유명 연예인만큼 지명도가 없다면 목표를 달성하기 위해 쓸 수 있는 모든 방법을 동원해야 한다. 양으로 승부를 거는 수밖에 없다. 효율 따위는 두 번째 문제이다.

애초에 젊은 시절의 나는 "아무짝에도 쓸모없는 놈"이라는 소리를 듣기도 했다. 그런 내가 소원을 이루려면 에너지를 불태워서 탐욕스럽게 돌진하는 수밖에 없다.

결과를 위해 당당하게 노력한다

소원을 이루는 요령은 바로 이 '탐욕'에 있다.

이 책을 읽는 사람 중에는 이른바 영성 분야를 공부하는 독자가 많을 텐데, 그들 중에는 이런 방식을 꺼리는 사람이 적지 않다.

앞에서 말했듯이 소원이 쉽게 조용히 쓱 이루어지는 것을 선호하거나, 아니면 바라는 것 자체를 부정해서 빈정대거나 정색하는 분위기도 있다.

이런 태도는 한마디로 '결과는 원하지만 노력은 하고 싶지 않다'는 것이다. 어쩌면 노력한다는 것은 촌스럽고 어리석다는 느낌을 주기도 한다.

"애쓰지 않아도 괜찮아"라는 말은 우주적인 궁극의 차원에서는 진실이긴 하지만, 우리가 사는 지구에서 살아가며 어느 정도 성과를 내기 위해서는 이런저런 노력이 필요하다.

그러므로 이러쿵저러쿵 따질 것 없이 그냥 원하는 것을 향해 당당히 노력하면 된다.

노력 자체를 즐기는 것이 비결!

꾸준한 사람만 지닐 수 있는 '신의식 직선'

경영 관련 책을 읽다 보면 '성공 곡선'이라는 개념을 자주 마주치게 된다.

무슨 일이든 첫술에 배부를 수는 없다. 그래도 노력에 비례해 성과가 나타나면 할 맛도 나고 꾸준히 하게 되는 동력이 된다.

하지만 일반적으로 어떤 일이든 초기 단계에서는 오로지 인내의 시간만 계속된다. 그리고 많은 사람이 이 단계에서 소원을 포기하고 떨어져 나간다.

끈기 있게 꾸준히 한 아주 일부 사람만 어느 시점에서 갑자기 훅 하고 한 단계 성장한다.

이처럼 처음에는 성과가 나타나지 않다가 어느 시점에서 갑자기 한 단계 성장하는 S자 커브 곡선을 '성공 곡선'이라고 하는데, 나는 이것을 종종 '잠재의식 곡선'이라고도 부른다(다음 페이지 그림 참조).

잠재의식은 어쨌든 변화를 싫어하기 때문에 처음에는 아무리 열심히 해도 '변하지 못하게 하겠다'며 방해를 한다.

그것이 현상 유지 메커니즘이다. 그럼에도 꾸준히 노력하면 잠재의식 어딘가가 끈기에 졌다고 해야 할까, 쏟은 만큼의 에너지가 고스란히 결과로 나타난다.

이때 잠재의식에서는 곡선이 S자를 그리며 비약하는데, 잠재

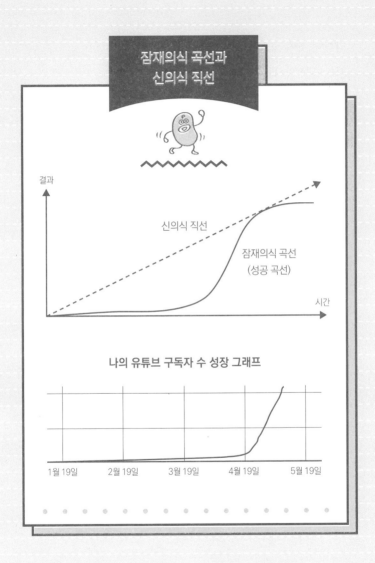

잠재의식 곡선과
신의식 직선

결과

신의식 직선

잠재의식 곡선
(성공 곡선)

시간

나의 유튜브 구독자 수 성장 그래프

1월 19일   2월 19일   3월 19일   4월 19일   5월 19일

113

의식이 초기에 발동하는 현상 유지 메커니즘만 깨뜨리면 결국은 신의식의 직선과 만나는 날이 온다.

이것을 글자 그대로 '신의식 직선'이라고 부른다.

가령 앞 페이지의 그림 중 아래쪽을 보자.

유튜브 해석 애플리케이션으로 분석한 내 채널의 성장 현황을 보면, 2019년 1월부터 5월까지의 구독자 수가 멋지게 성장 곡선을 그리고 있다.

많은 사람이 초기 단계에서 포기하는 것은 신의식 직선이 보이지 않기 때문이다. 신의식에서는 점점 좋아지고, 어차피 좋아질 것이기 때문에 그 사실을 알면 계속하는 것은 간단한 일이 된다.

내 눈에는 정말로 신의식 직선이 보였다

그래서 탐욕스럽게 계속할 수 있었고, 지금도 실제로는 순조롭게 신의식 직선으로 나아가고 있다.

자신을 믿지 않으면 신이 될 수 없다

모든 일에 이 직선과 곡선의 법칙이 성립하느냐고 묻는다면 물론 그렇지는 않다.

가령 내가 지금부터 열심히 노력해서 프로야구 선수가 되겠다고 해도 절대로 그렇게 되지 않는다.

"무슨 소리! 신의식 직선이 있으니 노력하면 가능한 거 아닌가요?"

이렇게 물어보는 사람도 있겠지만, 안 되는 것은 절대 안 된다.

그 이유는 나 스스로 '안 된다'는 걸 인정하기 때문이다. 그리고 애초에 야구 선수는 되고 싶지 않다.

아직까지도 내 유튜브 댓글에 "대머리잖아? 당신 말이 진짜 효과가 있다면 머리카락이나 좀 나게 해봐요"라고 인정머리 없는 소리를 하는 사람이 있다.

저기요, 나는 지금이 좋아요. 진심으로. 사실 대머리라고 곤란한 것도 없고, 이성한테도 머리카락이 있을 때보다 훨씬 더 인기가 많아요.

중요한 것은 스스로 안 된다는 사실을 알거나, 진심으로 바라지 않는 일은 아무리 노력해도 실현되지 않는다는 사실이다.

이런 식으로 질문하는 사람이 있다.

"나도 유튜브로 성공할 수 있을까요?"

"회사를 그만두고 창업하고 싶은데 어떨까요?"

"그와 재결합할 수 있을 거라고 생각하세요?"

"해외로 유학 가고 싶은데 성공할까요?"

"지금부터 결혼 상대를 찾아도 늦지 않을까요?

나는 여러분이 아니기 때문에 어떻게 될지 전혀 모른다.

이렇게 자신의 일을 남에게 물어보는 사람은 물어보는 시점에서 이미 실패한 것이다. 남에게 물어보기 전에 자신의 일에 대해 스스로는 아무 생각도 하지 않는 걸까?

특별히 다른 사람의 믿음과 조언이 없어도 할 사람은 하고, 성공할 사람은 성공한다.

"생선을 손질해보고 싶은데, 할 수 있을까요?"라고 물어보지 말자. 생선을 손질하는 방법은 유튜브에 얼마든지 올라와 있으니 내게 물어보기 전에 찾아보면 된다.

그러니 이쯤에서 기준을 정하자. 신의식에 이어진 사람은 남에게 물어보지 않는다.

애초에 그런 질문을 받는 쪽도 곤란하다.

이런 일도 있었다.

모르는 사람이 온라인에서 "생활보호 대상자에서 벗어나고 싶은데, 가능할까요?"라고 물어보기에 솔직히 생각한 대로 "생활보호를 받는 쪽이 낫습니다"라고 대답했다. 그랬더니 갑자기 벌컥 화를 냈다.

반대로 "매일 블로그에 글을 올리면 빚을 갚을 수 있을까요?"라고 묻기에 그럴 리 없다고 생각했지만, 아무것도 하지 않는 것보다 낫다며 열심히 해보라고 권했다. 그런데 100일을 써도 성과가 없었던 모양인지 "Q씨가 쓰라면서요!"라고 또 화를 냈다.

결국, 이 사람들은 자기 자신을 믿지 않는다는 뜻이다.

자기 자신인 신을 믿지 않으니, 신의식에도 이어져 있지 않다.

그렇다면 모두 다 그만두는 게 낫다.

신의식에 이어져 있을 때 거기에는 자신이 있고, 스스로를 믿는 자신감이 있다. 바꿔 말하면 '자신(自信)=자신(自神)'이라는 뜻이다.

자신감은 생기는 것이 아니라 원래로 돌아가는 것

자신(自信)=자신(自神)이라는 말은 결국 '있는 그대로'의 모습을 말한다.

종종 "자신감이 생기려면 어떻게 해야 할까요?"라는 질문을 받는다.

그러나 애초에 자신감이란 '생기는 것'이 아니다.

자신감이 최고인 순간은 바로 우리가 태어날 때이다. 그러다가 성장하는 과정에서 사람들과 관계를 맺으면서 조금씩 자신감을 상실해간다.

"너는 안 돼." "능력이 없어." "100점을 받아야지!" "빨리 해라." "제대로 해라." "착하게 굴어." 이런 말은 자신감의 눈금을 차츰차츰 아래로 떨어뜨린다.

태어난 순간의 최고 상태가 그대로 유지되는 일은 거의 없다. 많든 적든 자신감의 눈금은 점점 내려간다.

다시 말해 자신감은 새로 생기거나 더하는 것이 아니라, 원래의 상태로 돌아가는 것이다.

갓 태어난 아기는 자신감으로 똘똘 뭉친 자신감 덩어리이다. 그저 존재하기만 하면 된다. 자기 혼자 힘으로는 아무것도 못 하기 때문에 밥 먹기, 옷 갈아입기, 목욕, 놀이 등등 모두 다른 사람의 도움이 필요하지만 존재 자체만으로도 최대의 가치가 있다.

이런 아기를 보고 신이라고 생각하는 사람도 많다. 아기야말로 신이다. 태어난 순간, 많은 사람이 아기를 보고 눈물을 흘린다.

나도 물론 그랬다. 장남이 태어난 시간, 13시 39분. 산부인과에는 모차르트의 〈디베르티멘토 제1번 D장조 K136〉이 흐르고 있었는데, 정말이지 신이 이 세상에 내려온 느낌이었다.

그러나 본래 신이었던 인간들도 서서히 자신의 '신성(神性)=자

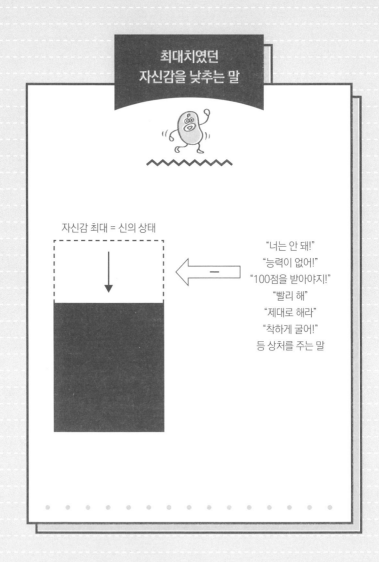

최대치였던
자신감을 낮추는 말

자신감 최대 = 신의 상태

"너는 안 돼!"
"능력이 없어!"
"100점을 받아야지!"
"빨리 해"
"제대로 해라"
"착하게 굴어!"
등 상처를 주는 말

신감'을 잃고, 타인이나 환경에 의존하기 시작한다. 자신에 대한 답을 주위에서 구하려고 한다.

본래의 신의식에서 멀어지는 것이다.

강렬하게 '하고 싶다'고 느끼는 순간

신의식에 이어질 때 사람은 잠재의식의 방해도, 초의식의 뜬금없는 요구도 초월해버린다.

그리고 좀 더 자연스럽게, 탐욕스럽게 긴장감 없이 '하고 싶다'고 느낀다.

아기가 울고 싶을 때 울고, 내키는 대로 자고, 마음대로 웃듯이 그저 '있는 그대로' 하고 싶을 때 거기에는 망설임이 없다. 자신감만 넘친다.

확실히 신으로서 존재하고 움직인다.

만일 지금 여러분이 하고 싶은 일이 있다고 치자.

하지만 혹시 그 일이 떨어진 자신감의 눈금을 메우기 위한 것은 아닐까?

'~을 하면 인정받을 수 있다' '~을 하면 자신감이 생길 것이다'라는 조건으로서의 느낌이 있다면 그것은 이미 신의 상태가 아니다.

바닥으로 떨어진 자신감은 뭔가를 하거나 남에게 인정받는다고 메워지는 것이 아니다.

"나는 솔직히 원치 않았지만 의사가 되면 아버지께 인정받을 것 같았다. 어려서부터 엄하게 커서 100점을 받지 못하면 꾸중을 듣곤 했다. 의과대학에 들어가기 위해 학원을 다녔고, 노력한 보람이 있어서 의과대학에 들어가 마침내 의사가 되었다. 하지만 어딘지 불안하고, 허무하다"라고 말하는 사람처럼.

인생이란 태어났을 때인 '신'의 상태에서 '사람'으로서의 삶으로 바뀌는 것임과 동시에 '신'이라는 본래의 모습을 떠올리는 여정인지도 모른다.

신은 완전하고 인간은 불완전하다. 그래도 신은 인간이고 인간은 바로 신이다.

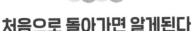

처음으로 돌아가면 알게된다

자신의 천명(타고난 운명, 하늘이 내린 사명)이 무엇인지 생각해본 적 있는지?

이것은 우리 모두의 영원한 숙제이다.

그 답은 사실 지금까지 살아온 삶 속에서 찾을 수 있다.

신으로서의 자신에 가까워질수록 천명은 정확히 알 수 있다.

궁극은 태어난 순간이지만, 그때는 아직 스스로 자기 자신을 인식하는 능력이 없기 때문에 어지간한 사람이 아니면 기억하지 못한다. 하지만 과거의 자신을 떠올릴 수는 있다.

다시 말해 '원래의 자신'이다.

중학교 때 나는 인기 없는 아이였다.

남 앞에 나서거나 이성과 이야기를 나누는 데도 서툴렀다.

고등학교 1학년 1학기, 어쩔 수 없이 앞에 나가서 이야기를 해야 하는 상황에 처했다.

그런데 뜻밖에도 내 이야기가 반응이 좋았다. 그 일로 친구들 사이에 큰 인기도 얻었다. 그 후에도 이야기할 때마다 이른바 대박을 쳤다.

고등학교를 졸업한 뒤, 재수 학원에 들어가서 딱 10분 발표를 했을 때도 큰 호응을 얻었다. 그 후 학생들이 내 곁으로 모여들었다. 그때 생각했다.

'내가 말을 잘하나?'

이렇게 잠깐 느낀 적은 있었지만, 설마 말로 먹고살게 될 줄은 꿈에도 몰랐다.

지금 나는 세미나 강사 겸 유튜버가 되어 살고 있다. 예전에 예감했던 일이 현실이 된 것이다. 이것도 당시에는 몰랐던 사실이다.

내 친구 중 한 명은 일곱 살 때 음악 시간에 종종 친구들 앞에서 동요를 불렀는데, 그때마다 선생님이 "노래를 참 잘하는구나. 한 곡 더 불러볼래?"라고 말했단다.

그 칭찬을 계기로 가수를 꿈꾸게 되었고, 지금은 싱어송라이터로서 활동하고 있으며, 방송의 광고에서 자주 그녀가 만든 노래와 목소리가 흘러나온다.

마찬가지로 다른 친구 한 명은 이혼, 건강 악화, 공황장애로 인생의 밑바닥에서 힘들어할 때 어릴 적 일곱 살 때 할머니가 들려주신 두 개의 이야기가 떠올랐다고 했다. 하나는 불교의 가르침, 또 하나는 청소의 힘이었다.

그 가르침을 스스로 '미정화(美淨化)'라고 이름 붙이고 행동에 옮겼다. 그리고 쓸데없는 물건을 점점 없애면서 자신의 원래 모습으로 돌아가 있었다. 그 후, 나와의 만남을 계기로 천직을 얻고 사랑하는 사람을 만났으며 책까지 내게 되었다.

자신의 사명, 즉 세상에서 내게 맡겨진 임무가 무엇인지 모르겠다면 '옛날의 나'에게 물어보면 된다. 무엇을 좋아했는지, 잘했는지, 칭찬받았는지, 어색함이 없는지, 자연스러운지.

힘들 때는 "처음으로 돌아갑니다"라고 말한다

내가 아무리 애를 써도 프로야구 선수는 될 수 없다.

체격이나 재능을 논하기 전에 하고 싶지도 않고, 나하고는 어울리지 않기 때문이다.

나의 첫째 아들은 서너 살 때부터 "나는 나중에 로봇을 만들 거야"라고 말했다.

지금도 프로그래밍 공부를 할 때는 집중하지만, 큰맘 먹고 산 권투 글러브와 미트는 몇 번 쳐보기만 할 뿐 관심이 없다. 권투 세트는 셋째 아이의 장난감이 되었다.

확실히 큰아들은 권투와 어울리지 않는다. 이치가 아니라 그냥 감으로 알 수 있다.

어쩐지 일이 잘 풀리지 않는다면, 거기에는 자연스럽지 않은 어색함이 있다.

그럴 때는 소리 내서 말해보자.

처음으로 돌아갑니다

이 주문을 만난 것은 2018년 여름 무렵이었다.

마침 유튜브를 시작할지 말지 고민하던 시기였는데, 여러 방면에서 너무 많은 일이 벌어져 패닉 상태에 빠져 있었다.

기획사가 돈을 들고 도망가는 바람에 진행하던 프로젝트가 무산되었고, 여기저기 남의 일에 참견했다가 인간관계가 나빠졌으며, 정신을 차려보니 지출만 있고 수입은 큰 폭으로 줄어서 재정적으로도 어려웠다.

이때 "처음으로 돌아갑니다"라는 말을 알게 되었고, 마음을 가다듬고 소리 내어 말해보았다.

그러자 내가 본래 해야 할 일이 보였고, 말을 무기로 시작한 유튜브가 사람들의 주목을 받게 되었으며, 사람들로부터 표정이 부드러워졌다는 소리도 들었다. 45년 동안 줄곧 외꺼풀이던 눈이 갑자기 쌍꺼풀이 되어서 귀여워진 것도 한몫했을 것이다 (웃음).

나에게 이루어질 일만 바란다

결국 욕망을 실현하기 위한 궁극의 모습은 '이루어질 일을 바라는 것'이다.

나는 이제 와서 프로야구 선수가 되고 싶지도, 음악가가 되고 싶지도 않다. 또 풍성한 머리카락도 별로 원하지 않는다. 그런 것을 욕망하면 상당히 힘들어질 것이다.

하지만 말을 무기 삼아 일을 시작한다거나, 세계를 돌아다니며 여행한다든지, 하루하루 마음 편하게 지내는 것처럼 큰 고민 없이 자연스럽게 바라던 일은 모두 이루어졌다.

'원래의 나'로 돌아가면 자신과는 어울리지도 않고, 부자연스러운 소원 따위는 바라지 않게 된다. 그때 인간은 신으로서 살게 되는 것이다. 자기 자신이 창조주가 되고 세계의 중심이 되는 것이다.

'사람으로서' 살 때는 언제나 결핍을 느낄 수밖에 없다.

그것을 메우기 위해 자신과 어울리지 않는 소원을 빌기도 한다. 그리고 건전하지 않은 쪽으로 노력하기도 한다.

물론 결핍감 덕분에 물질적으로는 넉넉해질 수 있다. 하지만 술이나 도박으로 짧은 만족감은 얻으면 다음 날 자기혐오에 빠지는 것처럼, 뭔가 부자연스러운 느낌을 지울 수 없다.

이럴 때는 처음으로 돌아가면 된다.

"처음으로 돌아갑니다"라고 여러 번 외치면 된다.

그렇게 해서 '신으로서' 사는 상태로 돌아가면 나머지는 우주로부터 자유롭게 소원을 받아 건전하게 노력해서 그걸 이루는 것이다.

물론, 소원이 이루어지기까지는 엎치락뒤치락 고생도 할 것이다. 그렇게 엎치락뒤치락하는 것은 잠재의식이 제동을 걸기 때문인데, 그다음에는 대부분 비약적으로 나아가는 경험을 하게 된다.

그리고 결국은 점점 좋아지고, 또 어차피 좋아지게 되어 있다.

계속 갈망하라! 바보처럼 노력하라!

스티브 잡스는 생전에 이렇게 말했다

Stay Hungry, Stay Foolish
계속 갈망하라! 바보처럼 노력하라!

나도 이 말에 격하게 공감한다.

여기에서 갈망이란 간절하게 원하고, 순수하게 목표를 향해서 나아가는 모습이다.

남에게 인정받으려는 마음은 없다. 왜냐하면 바보니까. 바보는 남의 눈을 신경 쓰지 않는다.

한 가지에 꽂혀 우직하게 파고들 줄 아는 바보. 다양한 바보가 있어도 좋다.

음악 바보, 야구 바보, 프로레슬링 바보, 요리 바보, 자전거 바보, 프로그램 바보, 축제 바보, 독서 바보, 마라톤 바보, 유튜브 바보, 돈벌이 바보, 여행 바보…… 여러 바보가 있다. 이들 바보는 항상 탐욕스럽다.

　나는 재즈를 사랑한 나머지 재즈 음악을 제작하는 개인 레이블을 만들었는데, 솔직히 돈이 되는 일은 아니다.

　재즈라는 음악 자체가 주류도 아니고, 계약금부터 스튜디오 비용, 음반 제작비 등 들어가는 돈도 만만치 않으며, 또 쓴 돈에 비하면 수입도 적다. 그저 내가 좋아서 할 뿐이다.

　하지만 이런 나보다 더 바보는 뮤지션들이다.

　앞에서도 말했듯이 솔직히 재즈 뮤지션은 거의 수입이 없다.

　지금은 재즈 전문대학이 있어서 학교에서 학생을 가르치면 어느 정도 생활은 유지한다고 하지만, 그것도 모두가 할 수 있는 일이 아니니 대부분은 하루 벌어서 하루 사는 정도이다.

　그래도 그들은 재즈의 길을 가기 위해 연습은 물론 악기나 체험에 결코 돈을 아끼지 않는다. 물론 투자라고 할 수도 있지만, 투자해도 흥행한다는 보장이나 성공도 약속할 수 없다.

　재즈를 주제로 한《BLUE GIANT》라는 만화가 있다.

　읽다 보면 가슴이 막 뜨거워지는데, 주인공의 바보스러움에 공감하기 때문이다. 홀로 유럽으로 공부하러 떠나, 배가 고프면 물로 허기를 달래가며 얼어죽을 정도로 추운 독일의 강가에서 몇 시간씩 연습을 한다.

한 가지 일에 몰두하는 바보의 모습은 아름답다. 그 순간 틀림없이 '뮤즈'의 미소를 느낄 것이다.

많은 사람이 신으로 태어났으면서도 그 '있는 그대로'의 모습을 인정받지 못하고, 문득 정신을 차리고 보면 남의 눈치를 보며 살고 있다.

다른 사람에게 칭찬받으려고, 야단맞지 않으려고 살게 되는 것이다. 그러니까 탐욕스럽게, 정말로 자기가 하고 싶은 일을 생각해내면 좋겠다.

그렇다, 그것을 발견하는 방법은 '처음으로 돌아가는 것'이다.

사람은 '신'으로 태어나지만 동시에 '인간으로서' 살고 있다.

그래도 특히 위기일수록 그것을 극복하고 나면 크게 비약하고, 때때로 기적을 경험하는 일도 있다. 아니, 어쩌면 인생 자체가 기적의 연속일지 모른다.

그런 기적이 일어날 때 우리는 종종 "대단하다"라고 외친다.

그리고 '대단하다'는 말은 인생의 진로까지 바꿔버린다.

다음 장에서는 '대단하다'는 말이 불러일으키는 기적을 체험하고, 인생이 점점 좋아지는 비결에 대해 이야기하고자 한다.

제4장

웃으면서
꿈을 이루어간다

'대단하다'는 말은
기대 이상의 사건을 끌어당긴다

나는 툭하면 "대단하다"고 말하는 버릇이 있다.

15년 전, 내가 회사를 그만두었을 때 수중에 가진 돈은 고작 300만 원이었다. 그마저도 석 달 만에 모조리 써버리고 슬슬 불안해지던 차에 대단한 일이 찾아왔다.

바로 '대단한 펜던트'였다.

지니고 있으면 기(氣)와 파동 같은 신비로운 힘을 낸다는 파워 굿즈의 일종으로, 우연히 그것을 판매하게 되어 3년 동안 먹고 살 수 있었다.

그 후에는 세미나, 강연, 출판, 코칭, 그리고 유튜브처럼 내가 하고 싶은 일, 해야 할 일도 찾아냈다.

여기에서 말하고 싶은 것은 그 펜던트의 효과가 아니다.

'대단하다'는 말이 지닌 힘을 기억하자

내 블로그에 "대단한 펜던트가 찾아왔습니다!"라고 홍보를 시작하자, 그 상품은 인터넷에서 '초파워 펜던트'라는 애칭으로 조금씩 소문이 나기 시작했다.

프롤로그에서 소개한 동영상 제목도 '대단하다, 48시간 안에 대단! 대단! 대단한 일이 일어나는 이야기입니다!'인데, 만일 얌전하게 '48시간 안에 좋은 일이 일어납니다'였다면 그다지 파급력이 크지 않았을 것이다.

'대단하다'는 말에는 딱 꼬집어 말할 수는 없지만, 정말 '대단한 힘'이 내포되어 있다.

사전적 의미로는 '정도가 매우 심하다'라고 설명하고 있다.

그렇기 때문에 늘 보통을 뛰어넘는 사건을 끌어당기는 힘이 있다.

물론 '대단하다'는 어감에 따라 좋지 않은 의미로도 사용하지만, 애초에 나에게 기본은 '점점 좋아진다'이므로 역시 나에게는 좋은 일만 일어났다.

여기에서 내가 한 가지 제안을 해보겠다.

기적을 부르는 간단한 방법은
'대단하다'는 말을 달고 사는 것!

뇌는 공백을 채우려고 한다

'대단하다'라는 말이 정말로 대단한 일을 끌어당기는 이유는 무엇일까?

가령 사무실에 훌륭한 퍼즐로 완성한 멋진 그림을 장식해놓았다고 하자.

만일 그 퍼즐에서 두세 조각이 빠져 있다면 느낌이 어떨까?

상당히 눈에 거슬릴 것이다. 그 이유는 우리 뇌에는 공백을 싫어하는 본능이 있기 때문이다. 스무 명에 맞추어 좌석을 준비했는데 열아홉 명만 앉아 있으면 남은 한 자리가 신경 쓰이는 것과 같다.

이를 '공백의 원칙'이라 부르는데 '대단하다'는 말도 그렇다. 옆 페이지의 그림처럼 '대단하다'에 해당하는 부분은 현재 나의 상태에서 보면 과잉이라, 사실 현재 상태와 '대단하다'는 말 사이에는 공백이 생겨버린다. 그러면 뇌는 온힘을 다해 그 공백을 채우려고 하기에 마치 균형을 맞추듯 '대단하다'를 증명할 현실을 끌어당긴다.

앞서 말한 '초파워 펜던트'도 말하자면 이른바 굿즈에 불과한 제품이었다. 누구나 자신이 취급하는 굿즈가 제일이라고 여기기 때문에 실제로 얼마나 대단한지는 나도 잘 몰랐다.

하지만 그 대단한 물건이 당시 나의 삶을 구했다. 독립하고 3년 정도는 그 팬던트만 팔아서 살았으니 정말로 대단한 물건이었다.

또 대단한 펜던트 덕에 나를 알게 된 한 남성은 내 블로그를 보고 내 강연에 참석했는데, 그로부터 7년 뒤에 내 강연에서 만난 여성과 결혼을 했다. 틀림없이 본인이 제일 대단하다고 생각하고 있을 것이다.

다시 말해 '대단하다'는 말은 뇌에 공백을 만들어서 그 '대단하다'에 상당하는 현실을 마구 끌어당기는 메커니즘이다. 사람마다 다른 게 아니라 누구에게나 적용할 수 있는 메커니즘이다.

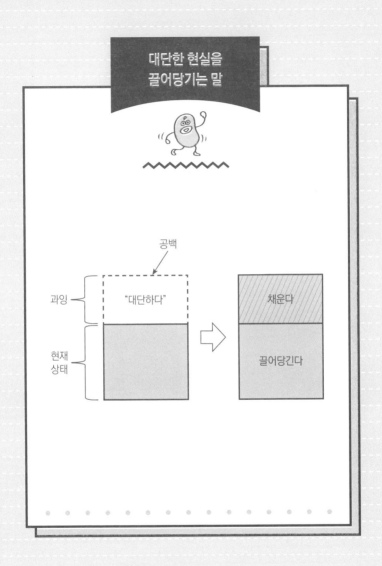

대단한 현실을
끌어당기는 말

공백

과잉

"대단하다"

현재
상태

채운다

끌어당긴다

141

성공한 사람은 모두 탐욕스럽다

'대단하다'는 말과 탐욕은 관계가 깊다.

2년 전 쯤, 인터넷에서 우연히 어떤 무명 아티스트를 보고는 그의 실력에 반해 주위에 "이 사람 대단해!"라고 말하면서 다닌 적이 있었다. 얼마 전 그가 메이저 음반사를 통해 데뷔 앨범을 냈다는 소식을 들었다. 역시 대단한 사람이었다.

젊을 때부터 세계 56개국을 여행해왔던 내게 최고의 여행지를 꼽으라면 나는 아이슬란드를 꼽는다. 아이슬란드를 소개하는 가이드북도 많지 않지만, 불가능할 만큼 순도 높은 물과 공기에 덧붙여 음식도 정말 맛있다. 30만 명밖에 안 되는 아이슬란드 사람들은 매우 친절하며, 사람의 손길이 닿지 않은 아름다운 자연경관은 마치 화성을 보는 듯 경이롭기까지 하다. 꼭 한번 가보기를 추천한다.

또 나는 초등학교 4학년 무렵부터 만화《근육맨》의 광팬이었다. 지금의 명함에도 '취미는 근육맨'이라고 써넣을 정도로 좋아한다. 근육맨 이야기라면 술을 마시면서 밤새워 할 수 있을 정도다. 어쨌든 '대단히' 좋아한다.

이처럼 좋아하는 것은 '좋아한다'고 자신 있게 표현하는 것이 내 삶의 원칙이다.

생각해보면 세상에서 성공한 사람들은 대개 그렇다. 스티브 잡스든 빌 게이츠든 리처드 브랜슨이든 기회가 있을 때마다 자사 제품을 홍보하는 데 전혀 스스럼이 없다.

내가 알고 있는, 영업으로 큰돈을 모은 여성이 있다.

한번은 그녀와 비싼 음식점에서 만난 적이 있는데, 밥을 먹다가 느닷없이 식당 앞뒤로 앉은 사람에게 "이거 대단한 물건이니까 한번 써보세요"라며 맹렬히 상품을 홍보하기 시작하는 것이었다. 어찌나 뜬금없었는지 갑자기 분위기가 썰렁해졌음은 말할 것도 없다. 잘은 몰라도 그녀는 일상이 그런 식일 것이다.

말하자면 이것이 바로 '탐욕'이다.

"좋아한다"고 말하는 것부터 시작한다

세상 사람들은 무언가에 탐욕스러운 사람을 향해 "꼴불견이다"라든지 "재수없다"고 말한다. 나도 어떤 인터넷 게시판에서 "재수없다"는 소리를 계속 듣고 있다고 한다(왠지 기운이 빠질 것 같아서 직접 보지는 않는다. 웃음).

하지만 재수없다는 소리를 들을 정도라면 그 인생은 정말 의미가 있는 것이다.

남들로부터 자신을 보호하고, 무난하게, 욕 안 먹을 정도로 살면 상처는 받지 않겠지만 아무것도 남는 게 없다.

반대로 탐욕스럽게, 재수없게, 꼴불견으로 산다고 잃을 게 뭐가 있을까?

물론 욕을 먹어서 기분은 나쁠 수도 있지만, 그래도 그보다 몇 배나 많은 사람의 응원을 받는다. 그도 그럴 것이 다들 속으로는 탐욕스럽게 살고 싶어 하기 때문이다.

"재수없어!"라고 비난하는 사람은 오히려 그 사람이 그저 부

144

러워서 그러는 것뿐이다.

하지만 안 그러던 사람이 하루아침에 탐욕스럽게 사는 것도 실은 어려운 일이다. 일단은 좋아하는 것을 좋아한다고 과장되게 말하는 것부터 해보면 좋다. "정말 좋아!" "완전 좋아!" "짱 좋아!" 이런 식으로.

좋아하는 것을 좋아한다고
가능한 한 과장되게 말하는 것부터!

내가 초등학생 때 읽은 만화 중에 이런 대사가 있었다.

"싫다고 말하는 건 쉽지만 좋아하는 사람한테 좋아한다고 말하는 건 어려워."

제목은 기억나지 않지만 어린 내게 대단히 인상 깊은 말이었다. 싫다는 말은 하기 쉬워도 좋아한다는 말을 꺼내기는 어렵다. 말해버리면 주위 사람들로부터 놀림을 받으니까. 하지만 계속 그렇게 참고 살다 보면 마음이 점점 억눌린다.

다시 말해 좋아하는 것을 좋아한다고 솔직히 말하지 못하는 성격이 되는 것이다.

이런 사람은 인생에서 상당히 큰 손해를 보는데, 생각 이상으로 그 손해가 크고 많다.

더 많은 기적을 끌어당기는 인생

'대단하다'는 말은 탐욕의 시작점이다.

그리고 탐욕은 점점 좋아지는 신의식 그 자체이다.

경제도 우주도 특별한 일이 없으면 인플레이션, 다시 말해 점점 좋아지고 점점 더 팽창한다. 그리고 경제와 달리 인생은 극심한 인플레이션이 되어도 문제 없다.

하지만 개중에는 인생이 디플레이션인 사람도 있다.

무엇을 해도 잘 풀리지 않는다. 수입도 줄어들기만 하고, 나이를 먹을수록 왠지 행복하지 않다.

특히 디플레이션이 계속되는 상황에 익숙해져버리면 인생도 그렇게 될 수 있다.

경제에서 디플레이션은 소비와 소득이 동시에 감소하는 것을 뜻한다. 미래가 불안해서 소비를 줄이고, 그러면 매출이 줄고 마침내 물건 가격도 떨어진다. 그 결과 다시 소득이 줄어들고, 점점 더 소비를 할 수 없게 된다. 이렇듯 연쇄적으로 마이너스가 일어나는 것이다.

이 연결 고리를 끊기 위해 정부는 경기 부양책을 쓴다.

정부가 국채를 발행하는 식으로 은행과 국민으로부터 돈을 빌려 시장에 환원하는 방법이다. 공공투자 같은 수단으로 시중에 돈을 풀어 소비자가 쓸 돈을 늘린다. 그러면 지금보다 소비를 많이 하게 되고, 결국 매출과 가격이 오르면서 소득이 늘어난다. 이렇게 되면 다시 소비가 늘면서 선순환, 즉 인플레이션으로 옮겨간다.

일단 이론상 소득이 늘면 세금의 징수가 늘어나고, 정부는 빚을 갚을 수 있으니 만만세다.

만일 '내 인생은 디플레이션이야! 점점 나빠지기만 해!'라고 생각한다면 이때는 정부가 나서야 한다.

여기에서 말하는 정부는 바로 '현재의식'이다.

상위 의식인 신의식으로부터 '대단하다'는 말의 기운으로 투자를 받는 것이다.

시시한 것이라도 좋다. 아니 오히려 시시한 것일수록 과장되게 '대단하다'고 떠벌리자.

새삼스럽지만 자꾸만 신의식을 인식하고, '대단하다'는 말의 기운을 빌려보자.

그러면 '대단하다'의 과잉 부분에 공백이 생기고, 그 공백이 기적을 끌어당겨 점점 더 기분이 좋아진다.

좋은 기분은 더 많은 기적을 끌어당기고, 이러한 순환이 인플레이션, 다시 말해 '점점 좋아진다'로 이어지는 것이다.

이것이 경기 대책이라면 세금을 걷어서 빌린 돈을 갚아야 하지만, 인생에서는 점점 좋아질수록 자연스레 신의식으로 환원된다.

마음대로 점점 좋아지고, 기적을 즐기고, 계속해서 기분 좋게 지내면 될 뿐이다!

디플레이션의 해결책

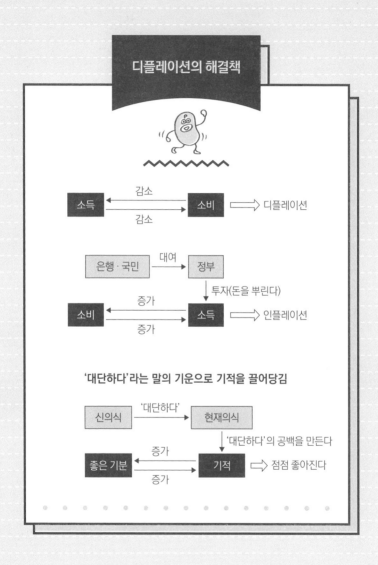

소득 ←— 감소 —→ 소비 ⟹ 디플레이션
       감소

은행·국민 —대여→ 정부
                   ↓ 투자(돈을 부린다)
소비 ←— 증가 —→ 소득 ⟹ 인플레이션
       증가

'대단하다'라는 말의 기운으로 기적을 끌어당김

신의식 —'대단하다'→ 현재의식
                      ↓ '대단하다'의 공백을 만든다
좋은 기분 ←— 증가 —→ 기적 ⟹ 점점 좋아진다
           증가

꼴불견으로 산다

평소에 '대단하다'는 말을 자주 하면 그대로 신의식과 동화되어간다.

그러므로 그 말을 일상생활에 적용하는 훈련을 해보자.

예를 들면 가벼운 프리미엄 제품을 선택하는 것이다.

요즘 편의점에 가면 프리미엄이라는 글씨가 자주 눈에 띈다. 예전부터 있던 과자나 아이스크림, 음료에 모조리 프리미엄 제품이 등장했다.

보통 제품이 1,000원이라고 하면 프리미엄 제품은 1,200원에서 1,500원 정도로 조금 더 비싸다. 나는 프리미엄 제품을 선호한다. 200원에서 500원 정도 더 주고 프리미엄 제품을 선택하면 기분이 좋다.

물론 신용카드나 비행기 좌석의 프리미엄은 가격 차이가 크지만, 과자 정도라면 기분을 생각해서 과감히 프리미엄 제품을 선택한다.

그리고 프리미엄 제품을 선택했으면 주위 사람들에게 가능한

한 자랑한다.

SNS로 정보를 나누어도 좋다. 그런데 사실 이것은 매우 우스꽝스러운 행동이긴 하다.

하지만 그렇기 때문에 재미있죠

폼을 잡는다고 득이 되는 건 하나도 없다.

흔히 '자존감'과 '프라이드'를 섞어 쓰는 사람이 있는데, 두 말은 완전히 다른 것이다.

자존감은 '있는 그대로의 자신을 존중하는 마음'이고, 프라이드는 '자신을 좋게 보이려고 하는 마음, 소유물이나 행위에 대한 만족에서 오는 자존심'을 뜻한다. 아무리 구제 불능이든, 마음에 들지 않든, 꼴불견이든 그런 자신을 존중할 수 있다면 두려울 게 없다. 주변에서 이러쿵저러쿵 떠들어도 그냥 지껄이게 내버려두면 된다.

이른바 성공한 사람은 성공하는 과정에서 수없이 실패하고 망신을 당한다. "재수없다" "꼴불견이다" 하면서 바보 취급당하는 일도 있을 것이다.

하지만 어느새 주위의 시선 따위는 신경 쓰지 않게 되고, 태연히 자신의 욕망을 향해 탐욕스럽게 나아가게 된다. 요는 재수없다는 놀림에 익숙해지면 더는 두려울 것이 없다는 소리다.

그리고 상대를 바보 취급하는 사람은 사실 부러워서 그러는 것이다. 왜냐하면 남의 시선을 아랑곳하지 않는 사람은 멋지다는 것을 아니까.

그러니 과자 정도라면 조금 더 비싼 프리미엄 제품을 사 먹고, 그것을 자랑해보자.

아, 생각할수록 꼴불견이다. 하지만 그것이 오히려 좋은 것이다.

손해 본다는 것은 여유롭다는 증거

프리미엄 제품에 익숙해졌으면 다음은 기꺼이 손해 보겠다는 마음을 가져 보자. 사실 손해 보는 걸 좋아하는 사람은 아무도 없다.

내가 스무 살 때 처음 인도에 갔는데, 그곳 사람들은 물건을 팔 때 일단 바가지부터 씌운다. 그래서 가격이 싸도 물건을 살 때는 늘 흥정을 해야 한다. 택시도 마찬가지여서 타기 전에 꼼꼼하게 가격을 흥정했음에도 막상 차에 타면 또 값을 올리려고 한다. 그림엽서 한 장을 사더라도 50원, 100원 단위로 값을 올려서 정말 사람을 지치게 만든다.

그래서 처음 인도에 갔을 때 고생한 경험 때문에 두 번 다시 오지 않겠다고 결심할 정도였다. 그러다가 대학을 졸업하고 세계 일주를 했는데, 반드시 인도를 경유해야 하는 경로여서 파키스탄을 거쳐 육로로 입국했다. 다만 두 번째 방문인 만큼 요령이 생겨서 처음보다는 즐길 수 있었다.

결국, 그 뒤로도 계속 기회가 되어 지금까지 열 번 정도 인도를 여행했다. 지금 인도를 생각하면 내 마음은 이렇다.

'그냥 손해보지 뭐.'

택시를 탈 때 5,000원이면 갈 수 있는 거리인데, 기사가 1만 원을 불러도 그냥 그러자고 하며 웃는 얼굴로 탄다. 그러면 택시 기사도 기분이 좋아진다. 이런 식으로 돈을 쓰면 사람들은 이렇게 말한다.

"제대로 흥정해야지, 안 그러면 나중에 여행하는 사람이 곤란을 겪어요."

현지 가격이 5,000원이라면 5,000원 언저리에서 돈을 내야지 안 그러면 가격이 너무 비싸게 정해져서 나중에 여행하는 사람까지 손해를 본다는 뜻이다. 나도 옛날에는 그렇게 생각했다.

하지만 일반적으로 가격 흥정을 하는 관광지는 대부분 물가가 많이 싼 인도, 파키스탄, 네팔, 터키, 중국, 이집트 같은 나라다. 택시 요금이나 얼마 안 되는 밥값 정도라면 바가지를 쓴다고 해도 100원이나 1,000원 정도일 뿐이다.

요즘 들어서는 내가 좋아서 찾아간 나라이니 그 정도는 기꺼이 바가지를 써도 좋지 않을까 하는 생각이 든다.

그러면 아주 넉넉한 마음으로 여행을 즐길 수 있다.

한국에서도 마찬가지이다. 비행기를 타고 김포에서 부산까지 간다면 비싸게는 10만 원, 저가 항공이라면 3만 원짜리 항공권도 살 수 있다.

단순히 몸이 이동하는 데 드는 비용이라고 생각하면 비싼 항공권을 사는 것이 손해처럼 느껴진다. 하지만 손해를 봐도 괜찮다고 생각하면 묘하게 마음이 넉넉해진다.

여러분도 손해를 본 경험이 있을 것이다.

생각만 해도 화가 날 정도로 큰 손해를 입었다든지, 꼭 돈이 아니더라도 다른 사람보다 일을 더 많이 했다든지, 쓸데없이 시간을 많이 낭비했다든지…….

하지만 이렇게 손해를 봤다는 것은 모든 면에서 내가 여유롭고 넉넉하다는 증거이다.

좋은 것을 싸게 사면 기분이 좋을지 모르지만, 비싸게 사서 손해를 봤다고 해도 적어도 지금 나의 생활에 아무런 영향이 없었을 것이다.

손해 본 기억을 떠올리면 화가 나지만, 화를 내도 상황은 달라지지 않는다. 그렇다면 웃어넘기는 편이 낫다. 큰 손해를 입을 만큼 여유가 있다는 증거이니까! 그러니 손해를 봤다면 오히려 승리의 포즈를 취하자.

내 얘기를 하자면, 회사 결산 문제로 세무사 사무실에 갔다가 조금만 더 일찍 상담을 받았더라면 퇴직금 적립 등 세금을 줄일 수 있었다는 말을 들었다.

솔직히 적지 않은 손해였지만, 세금을 더 내도 먹고살 수 있을 만큼 넉넉해졌다는 증거라고 생각했더니 오히려 기분이 더 좋았다.

이제 '소원의 3단 활용'을 시작한다

이처럼 프리미엄 제품을 쓴다고 자랑하면서 재수없게 살기도 하고, 기꺼이 큰 손해를 보기도 한다.

'대단하다'는 말을 자주 하면 과잉의 삶이 되어버리지만, 그만큼 인생이 인플레이션되기 때문에 괜찮다.

인플레이션 체질이 되었다면 이제 구체적인 소원 실현의 이야기를 해보자.

나는 늘 '소원의 3단 활용'을 염두에 두고 산다.

예를 들면, 내 소원의 첫 번째는 '신체 단련'이고, 두 번째는 '미국 데뷔', 그리고 세 번째는 '불로불사(不老不死)'이다.

여기에서 말하는 신체 단련이란 근력 운동으로 복근을 만드는 것이다. 미국 데뷔는 정리의 달인인 곤도 마리에 씨처럼 말 그대로 미국에서 데뷔하는 것이다. 여기까지는 쉽게 이해할 수 있을 것이다. 그렇다면 마지막으로 꼽은 불로불사란 무엇일까?

'소원의 3단 활용'이란 단계별로 소원의 수준을 정하는 것을 말한다.

첫 번째는 단기적인 눈앞의 목표이다. 수입 증가나 다이어트·합격·결혼·연애처럼 일상에서 손에 닿을 듯한, 조금만 노력하면 어떻게든 이룰 수 있는 일이다.

두 번째는 이루어지면 좋겠다고 생각하는 수준의 중·장기적인 원대한 꿈이다.

가령 '미국 데뷔'라고 하면 무모하다고 생각할지 모르지만, 주변을 보면 실제로 이뤄낸 사람들이 있다.

예를 들면 곤도 마리에는 평범한 여성이었지만 과하다 싶을 정도로 정리하는 것을 좋아했더니 스스로 정리 세미나를 열고, 또 책까지 냈다가 엄청난 베스트셀러가 되는 바람에 세계적인 '정리의 아이콘'으로 자리매김했다.

그 밖의 운동선수, 뮤지션, 연구자, 경영자 등 숫자로만 보면 미국 데뷔가 드문 일도 아니다.

그렇다면 내게도 기회가 있다. 다행히 내게는 유튜브가 있고, 외국어로 번역된 책도 있다. 상당히 가능성이 높은 이야기가 아닐까?

늙지 않는 삶에 대해 이야기하자

세 번째 소원인 불로불사. 이것만큼은 불가능하다고 생각할지 모른다.

하지만 지구상에는 이론상 불로불사하는 생물이 있다.

작은보호탑해파리처럼 5억 년을 사는 개체도 있다. 5억 년이라고 하면 쉽게 상상이 안 될 만큼 긴 시간인데, 생물 자체가 탄생한 시기가 무려 삼엽충이나 화석의 시대다.

또 바닷가재도 이론상으로는 불로불사인데, 내장을 포함해 통째로 탈피를 거듭하기 때문에 영원히 자라면서 젊음을 유지할 수 있다나? 다만 애초에 몸집이 커지면 탈피 자체가 어렵고, 탈피한 뒤에도 천적에게 쉽게 먹잇감이 된다고 한다.

작은보호탑해파리나 바닷가재는 불로불사 수준으로 오래 살수 있다고 치자. 그렇다면 인간은 어떨까? 실은 이것도 이론상으로는 불가능하지 않다.

모든 생물에게 '산다'는 것은 세포분열을 계속한다는 뜻이다. 하지만 세포분열을 할수록 염색체의 양 끝에 있는 텔로미어 (telomere)라는 입자가 짧아지고, 어느 정도까지 짧아지면 더는 세포분열이 일어나지 않아 개체도 죽음을 맞이한다.

바꿔 말하면 텔로미어가 짧아지지 않으면 영원히 세포분열을 계속해 불로불사를 실현할 수 있다는 이야기이다. 실제로 바닷가재의 장수도 이 이론으로 설명할 수 있다. 게다가 텔로미어가 짧아지지 않게 하는 기술도 있기는 하지만, 암세포로 변하기 쉬워 그것으로 수명이 다하는 것이다.

과학의 발전으로 불로불사는 이제 불가능한 일이 아니다. 사실 구글은 불로불사의 기술에 막대한 투자를 하여, '인생 500년'을 디자인하는 단계에 있다고 한다.

500년 전이라고 하면 조선 시대 중종 16년이다. 세계사적으로 보면 콜럼버스가 아메리카 대륙을 발견한 무렵이다.

그런데 만약 인간이 500년이나 살 수 있다면 지구는 사람들로 넘쳐나지 않을까?

그렇게 되면 달이나 화성으로 이주해 살면 되고, 또 바다나 하늘처럼 새롭게 살아갈 장소를 찾아낼 것이다. 장소는 많고,

완만하긴 하지만 인구 감소로 인해 사람이 넘쳐나는 일은 없을 것이다.

나도 이제 곧 50세가 된다. 내가 살아온 50년이라는 시간 동안 세상이 이렇게 많이 변했는데, 50년의 열 배를 더 살 수 있다면 과연 어떤 세상이 펼쳐질까?

생각만 해도 가슴이 두근거린다.

500년이 무리라면 200년 정도는 살아보고 싶다.

아픈 몸으로 200년을 사는 것은 고통이지만 지금처럼 활기 있게 살 수 있다면 분명 재미있을 것이다. 또 틀림없이 그렇게 될 것이다.

출산도 100세까지 가능하다든지, 아니 애초에 출산이나 육아는 다른 방식으로 대체되고, 인류는 대부분 지금은 생각지도 못한 기쁨을 경험하며 살지도 모른다.

인류는 항상 '터무니없는 꿈'을 실현해왔다

과학의 진전으로 사람은 불로불사에 가깝게 살지 모른다.

특히 여성은 나이를 먹어도 건강하고 아름다울 것이며, 남성도 그에 못지않게 인생을 즐길 수 있을 것이다.

이런 불로불사의 꿈 앞에서 '월수입 300만 원' 같은 소원은 어떻게 보일까?

다시 말해 '소원의 3단 활용' 중 첫 번째 단계인 눈앞의 목표는 불로불사를 진지하게 꿈꾸는 사람에게는 매우 하찮게 보인다. 두 번째 중·장기적인 원대한 꿈 역시 사소해 보인다.

사실 '소원의 3단 활용'에서 가장 중요한 것은 세 번째 무모하게 보이는 기적의 꿈이다.

확실히 불로불사는 터무니없는 소리로 들릴지 모르지만 인류는 이런 터무니없는 일에 끊임없이 도전했고, 성과를 거두었다.

인류 역사를 보면 인간은 머릿속으로 생각한 것을 거의 실현해왔다.

모닥불밖에 없던 시대에서 보면 로켓을 쏘아 올리는 에너지는 상상도 못 할 수준이지만, 인류는 문제를 꾸준히 해결해왔다.

휴대전화의 역사만 봐도 음성 통화만 되던 1G, 문자를 보낼 수 있는 2G, 이미지를 주고받을 수 있는 3G, 동영상을 가능하게 한 4G, 그리고 증강현실과 가상현실을 가능하게 하는 초고속 대용량의 5G, 6G로 진화하고 있다.

〈도라에몽〉에서 나오는 '빅라이트' 빛을 쏘인 것처럼 점점 커지고, 큰 것을 작고 간편하게 만드는 '스몰라이트'도 현실에서 그대로 실현되었다.

즉, 우리가 생각하는 것은 무엇이든 실현 가능하다.

그렇다면 좀 더 탐욕스럽게, 무모하고 황당무계한 일을 꿈꿔도 좋지 않을까?

불로불사, 타임머신, 타임 워프, 우주여행, 땅속 탐색…… 무엇이든 가능하다. '미쳤군!' 이렇게 생각해준다면 내 생각대로 된다는 소리이다.

꿈꾸는 사람은 언제나 바보

그리고 꿈을 꾸는 사람일수록 인생을 즐긴다.

솔직히 그런 터무니없는 꿈을 꾸는 건 멋진 일이다.

내가 살아 있는 동안 이루어지지 않더라도 다음 세대에서는 반드시 실현된다.

불가능하다고 말해버리면 거기에서 시합은 종료인 것이다.

무모한 꿈부터 그려간다

이제 여러분도 '소원의 3단 활용'을 적어보자.

핵심은 무모한 수준의 꿈에서부터 톱다운 방식으로 써 내려가는 것이다.

다음 페이지에서 보시다시피 기적의 꿈을 제일 먼저, 그다음

① **기적의 꿈**(무모한 수준)

② **원대한 꿈**(중·장기적)

③ **눈앞의 목표**(단기적)

원대한 꿈, 마지막으로 눈앞의 목표를 쓰면 된다.

참고로 지금의 나라면

① 기적의 꿈은 불로불사

② 원대한 꿈은 미국 데뷔와 우주여행

③ 눈앞의 목표는 몸 만들기(적정 체중, 복근을 식스팩으로 만드는 것),

연 수입 10억 원, 그리고 자전거로 세계 일주

가 될 것이다.

솔직히 불로불사가 실현되면 미국 데뷔나 우주여행, 심지어 다이어트나 수입 정도는 누워서 떡 먹기이다. 정말 대단하다.

대단한 꿈을 향해 나아가자.

대단한 목표, 터무니없이 대단한 소원, 불가능할 정도로 대단한 꿈을 꾸는 것만으로도 완전히 성공한 인생이니까.

하지만 단기적인 눈앞의 목표를 달성하고 싶은 마음도 당연히 이해한다. 불로불사나 우주여행 같은 소리는 들어도 실감이 나지 않고, 그보다는 눈앞의 현실이 훨씬 중요하니까. 그럴 수 있다.

하지만 불가능한 꿈을 현실처럼 느끼면서 가슴 설렐 수 있다

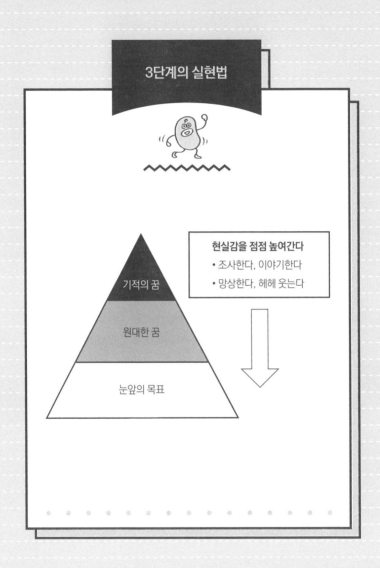

3단계의 실현법

현실감을 점점 높여간다
- 조사한다, 이야기한다
- 망상한다, 헤헤 웃는다

기적의 꿈

원대한 꿈

눈앞의 목표

면 눈앞의 목표도 마음대로 이룰 수 있다.

이것이 톱다운 방식의 실현법이다.

가령 불로불사 같은 기적의 꿈은 나 혼자 노력한다고 해도 어려운 일이다. 그러면 어떻게 해야 실현에 가까워질까?

먼저 공부를 해야 한다. 불로불사와 관련한 책을 읽거나 인터넷으로 정확하고 철저히 알아본다. 불로불사에 어느 정도 지식이 쌓이면 그만큼 현실처럼 다가온다.

그리고 그것을 이야기하고, 더 나아가 망상한다.

마지막으로는 헤헤 웃는 것이다.

헤헤 웃으면 꿈이 이루어진다?

꿈이라는 것은 이루어지면 엄청나게 대단한 일이지만, 이루어지지 않았다고 해서 특별히 곤란할 것도 없다. 그러므로 누가 뭐라해도 바보처럼 헤헤 웃어버리면 그것으로 그만이다.

왠지 모르게 가슴 설레고, 그러다가 힘이 쭉 빠져서 헤헤 웃는다. 소원을 이루는 가장 큰 비법은 릴랙스하는 것이다. 아무런 부담도 느끼지 않으면서 어리석은 꿈을 이야기하는 것만으로도 좋다. 이것이 가능해지면 그 아래 단계의 소망이나 목표도 마음대로 이룰 수 있다.

이것은 원대한 꿈이나 눈앞의 목표에서도 마찬가지이다.

가령 다이어트의 기본은 적게 먹는 것이다. 물론 단식을 할 정도로 무리할 필요는 없고, 평상시에 '섭취한 칼로리보다 더 많은 칼로리를 소비한다'는 것만 명심하면 되는데, 아무래도 음식을 보면 마음이 약해지게 마련이다.

하지만 애초에 살이 찔 만큼 많이 먹는 것은 쓸데없는 짓이다.

그럼에도 먹는 이유는 스트레스를 풀기 위해서인데, 이때 스트레스를 릴랙스로 바꾸는 방법이 '헤헤 웃기'이다!

헤헤 웃는 것은 지금 당장이라도 할 수 있다. 몸에서 힘을 쭉 빼고, 두 팔, 양어깨, 목을 문어처럼 흐느적대면서 1분 정도 춤을 춘다(다음 페이지 그림처럼).

이렇게만 해도 생각보다 땀이 나고, 나중에는 스트레스가 날아가버렸다는 것을 알아차리게 된다.

스트레스가 소원의 실현을 방해한다

나는 고등학교를 졸업하고, 재수 학원에 다녔다. 학원에는 유명한 영어강사가 있었는데, 그 선생님은 수업다운 수업은 하지 않는 것으로도 유명했다.

"너희들, 6년 넘게 영어를 공부했는데 어째서 말 한마디를 못하냐! 하긴 원형 부정사도 모르는 나 같은 사람이 애들을 가르치고 있으니……."

그 선생님은 학생들의 영어가 형편없는 것은 스트레스 때문이라고 했다. 6년 내내 배운 영어는 문법과 발음을 중시한 입시 위주의 공부이다 보니 실제로 회화를 할 때도 문법과 발음에만 지나치게 신경 쓴 나머지 위축되고 만다는 얘기였다.

선생님은 하여간 스트레스를 버리는 게 중요하다고 말했다.

그러면서 수업 중에 선생님만의 운동 요법으로 영어 스트레스를 없애주었다.

지금 생각해보면 수업 시간 대부분을 스트레스 없애는 이야

기로 보냈던 것 같다.

그중에서 "우~" 소리를 내면서 기묘한 동작을 할 때가 있었는데, 그 소리만 내면 교실이 폭소로 가득해지곤 했다. 지금 생각하면 선생님의 그 말은 확실히 사실이었다.

사실 나도 결코 영어 회화를 잘한다고 할 수 없지만, 술을 마시면 놀랄 만큼 외국인과 말이 잘 통한다. 취하면 긴장이 풀리고 헤헤 웃음이 나서 체면도 부끄러움도 없이 열심히 떠들게 되기 때문이다.

헤헤 웃는 행동은 이른바 소원을 실현하는 통로가 되기도 한다.

영어도, 다이어트도, 인간관계도, 사랑도 모두 스트레스를 받으면 어려워진다. 스트레스는 몸을 위축시키고 행동을 억압한다. '잘 안 되면 어쩌지?' 하고 부정적 생각에 지배당해 좀처럼 나아가지 못하는 것이다.

결국 소원 실현은 '할 건 한다'는 생각만으로도 대개 잘 풀린다.

다이어트를 하고 싶다면 폭음·폭식하지 않는다. 돈을 많이 벌고 싶으면 일을 더 한다. 연애를 하고 싶으면 사람을 만난다.

기본적인 것만 제대로 해도 대부분 실현되는데, 그게 어려운 이유는 몸이 위축되기 때문이고, 그 바탕에는 스트레스가 있다.

"우~" 하고 소리 내지 않더라도 헤헤 웃는 것으로 스트레스는 제거하면 된다. 1분만 해도 상당한 스트레스가 사라지고, 앞으로 나아갈 원동력을 얻을 수 있을 것이다.

헤헤 웃으며 최대의 가능성을 끌어낸다

정리하면 이렇다.

소원한다 → 스트레스 → 헤헤 웃기 → 소원 실현

세상에, 이렇게 간단하다니

헤헤 웃으면 워프로 이어진다. 이른바 '5차원 이론'에 따르면 우리가 사는 3차원 세계는 5차원 세계 안에 무수히 있다고 한다.

3차원 하나하나가 동시에 존재하는 것이다.

즉, 월수입 200만 원인 나와 월수입 1,000만 원인 내가 동시에 존재하며, 이를 평행 우주라고 부른다. 〈도라에몽〉의 도구 중 '원하는 대로 상자'가 지금의 스마트폰으로 실현된 것처럼 '타임머신'이나 '어디로든 문'도 실현될 것이라고 생각한다. 시공을 왜곡하면 되니까.

시간과 공간을 왜곡하려면 우주 차원의 에너지가 필요하다고 하는데, 설령 시간과 공간을 왜곡할 수 있다고 해도 인과 문제가 남는다.

한국 역사를 예로 들면, 고려 말기로 돌아가 조선을 건국하려는 이성계의 계획을 미리 권문세족에게 알려서 위화도 회군을 막는다면 조선의 건국이 이루어지지 않았을 것이다. 그렇다면 지금의 한국도 없지 않았을까? 하지만 이것은 평행 우주론으로 간단히 설명할 수 있다.

다시 말해 조선 시대가 있는 세상과 없는 세상이 동시에 존재하며, 단순히 '있는 세상'에서 '없는 세상'으로 워프하면 되는 것이다.

무수히 존재하는 3차원 세계

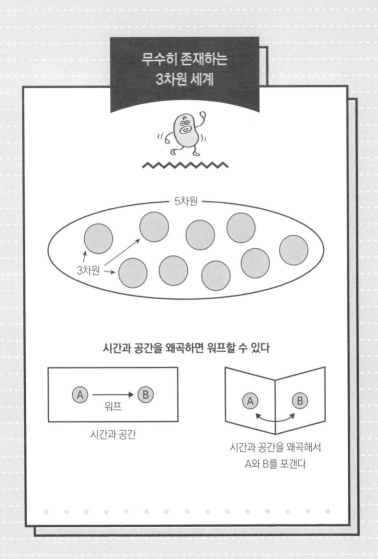

5차원

3차원

시간과 공간을 왜곡하면 워프할 수 있다

A → B
워프

시간과 공간

A ↔ B

시간과 공간을 왜곡해서
A와 B를 포갠다

175

요컨대 3차원 세계끼리 자유롭게 왔다 갔다 할 수 있다. 다시 말해 없는 게 없다는 말씀!

워프하기 위해서는 물리학적으로 온 우주 차원의 에너지가 필요하다. 반면 우리가 '지금의 나'에서 '바라는 나'로 워프하려면 나라고 하는 우주(나의 모든)의 최대 에너지를 발휘하면 된다.

그것이 바로 '헤헤 웃기'의 능력이다.

힘을 빼면 에너지는 그야말로 최대가 된다.

예전에 어떤 텔레비전 프로그램에 유명한 물리학자가 나왔다. 프로그램 내용은 그의 지도 아래 연예인과 프로 공수도 사범이 겨루기를 선보이는 것이었는데, 그때 그 물리학자의 해법이 바로 '바보가 되는 것'이었다.

최대한 힘을 빼고, 머릿속 생각마저 모두 내려놓고 바보가 된다. 다시 말해 '헤헤 웃는' 상태가 된 연예인은 공수도 사범을 상대로 좋은 승부를 겨루었다.

헤헤 웃으며 긴장을 없애는 것이야말로 모든 가능성을 최대치로 끌어올리는 행동이다. 그러니 지금 당장 헤헤 웃어보자. 몸에서 힘을 쫙 빼고 연체동물처럼 흐느적거려도 좋다. 옆에서 보

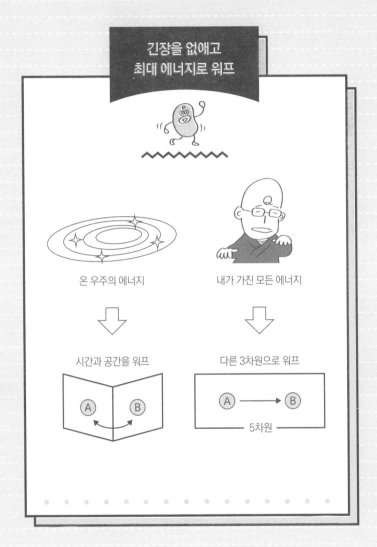

긴장을 없애고
최대 에너지로 워프

온 우주의 에너지

내가 가진 모든 에너지

시간과 공간을 워프

다른 3차원으로 워프

A   B

A ────→ B

5차원

177

면 완벽한 바보처럼 보일지도 모른다!

하지만 바보는 제일 강한 존재이다. 자존심 따위는 집어치우자.

있는 그대로의 나, 바보, 멍청이가 되어서 일어서자!

미간의 주름을 펴고 헤헤, 반짝반짝으로 최대 파워를 내자!

소원은 어떻게든 이루어진다. 고생이나 노력은 이제 시대에 뒤떨어진 단어가 되었다.

즐거운 일만 하면서 살면 된다.

학교가 싫으면 가지 않으면 된다. 일하기 싫으면 그만두면 된다. 생활보호 제도도 있고, 머지않아 기본소득제도 도입될 것이다.

초등학교 5학년인 우리 아들도 컴퓨터 게임을 하려고 영어를 열심히 공부한다. 자신이 좋아하면 공부든 일이든 몰두해서 하게 된다.

그리고 참을 필요도 없다. 상대가 싫어지면 헤어지면 된다. 아무려면 39억 인구 중 나하고 맞는 사람 하나 없을까.

물론 성장하기 위해서는 스트레스도 중요하다. 만일 여러분이 지금 스트레스 상태에 있다면 성장하기 위한 전조 증상이라고 생각하자. 어차피 잘되게 되어 있다.

　스트레스도 좋고, 물론 릴랙스도 좋다.

　헤헤 웃으며 힘을 빼고 릴랙스하자. 대단하다는 말을 연발하
면서 워프를 반복하다 보면 소원은 이루어지고 성장한다. 참으
로 간단한 방법이다.

　앞으로는 정말 상상도 못 한 일이 일어나고, 보고도 믿을 수
없는 물건과 기술이 등장할 것이다.

　우리는 헤헤 웃으면서 기대만 하고 있으면 된다.

　어차피 좋아지기 마련이고, 세상도 나의 인생도 틀림없이 점
점 좋아질 테니까!

소원을 방해하는 장애물도
문제 없어요.

제5장

일곱 가지 잘못된 확신을
제거한다

인생은 의심에서 출발한다

제4장에서 이야기했듯이, 무슨 일이든 힘을 빼야 이루어진다. 그래서 '헤헤 웃는 것'이 정답이다.

하지만 아직도 뭔가 조금이라도 쓸데없는 힘이 들어간 기분이 든다면 이번 장에서 소개하는 방법으로 최후의 장해물을 제거하기 바란다!

먼저 대전제는 '생각은 현실이 된다는 것'이다.

원래는 이렇게 되어야 정상인데 실제로는 그렇지 않다.

쉽게 생각해 보자. 얼음이 먹고 싶다면서 두유를 집어 드는 사람이 있을까?

"얼음이 먹고 싶어서 가게에 갔는데 자꾸만 두유를 사고 말아요. 흑흑."

이게 가능한 이야기일까?

이처럼 애초에 생각했던 일이 실현되지 않는다면 그건 정상이 아니다. 그러므로 제일 먼저 '이루어지지 않는 것이 이상하다'는 사실을 알아차리는 것부터 시작해야 한다.

수입이 늘면 좋겠는데 좀처럼 늘지 않는다.

결혼을 하고 싶은데 잘 안 된다.

다이어트하고 싶은데 매번 실패한다.

불로불사나 우주여행 차원이 아니라 일상에서 바라는 소망인데, 그 정도도 이루어지지 않다니 그건 정말로 이상한 일이다!

혹시 소원이 이루어지는 것을 누가 방해하는 게 아닐까?

그렇다, 그 정체는 바로 잠재의식이다.

잠재의식은 '안심과 안전'을 지키고 싶어 하며, 변화를 싫어하기 때문에 현재 상태를 유지하려고 한다. 따라서 전력을 다해 자신을 지키려고 하는 것이다. 그 잠재의식의 방해가 변화를 억제하고, 생각한 것을 실현하지 못하게 한다.

그러므로 소원을 이루는 핵심은 잠재의식이 만드는 장해물을 제거하는 것이다.

하지만 그 전에 온 힘을 다해서 외쳐보자.

말도 안 돼! 생각한 대로 이루어지지 않다니
이상한 거 아니야?

이런 의심을 품지 않는 사람이 의외로 많다. 만일 여러분이 그렇다면 그나마 다행이다.

이제 원인을 알았으니까 앞으로는 소원이 거침없이 이루어지기 시작할 것이다.

소원을 이루는 뇌의 메커니즘

소원을 이루는 메커니즘에는 4단계가 있다. 우리 뇌를 전후좌우 넷으로 나누어 이야기해보자.

① 후(무의식) × 좌(언어) = 나도 모르게 내 능력을 제한해버리는

잘못된 확신

② 전(의식) × 좌(언어) = 잘못된 확신을 말로 한다, 의심

③ 전(의식) × 우(감각) = 인스피레이션에 의한 답

④ 후(무의식) × 우(감각) = 실현

가령 한 달에 1,000만 원을 버는 게 소원이라고 치자.

소원이 이루어지지 않는 사람은 이미 무의식중에 불가능하다고 확신한다①. 하지만 그것은 단지 확신일 뿐 사실이 아니다. 그래서 '진짜 불가능할까?' 하고 적당히 의심할 필요가 있다②. 이 부분이 매우 중요하다.

'한 달 1,000만 원은 정말 불가능할까?'

실제로는 그렇지 않다. 찾아보면 한 달에 1,000만 원 버는 사람이 상당히 많다. 나도 월급쟁이 시절에는 불가능하다고 생각했고, 아니 회사를 그만둔 무렵에 월수입 1,000만 원은 꿈같은 소리였다.

그때 한 선배 사업가에게 "한 달에 1,000만 원도 못 벌 거면 월급쟁이로 사는 편이 낫지!"라는 말을 듣고 머리를 한 대 얻어맞은 것 같았다.

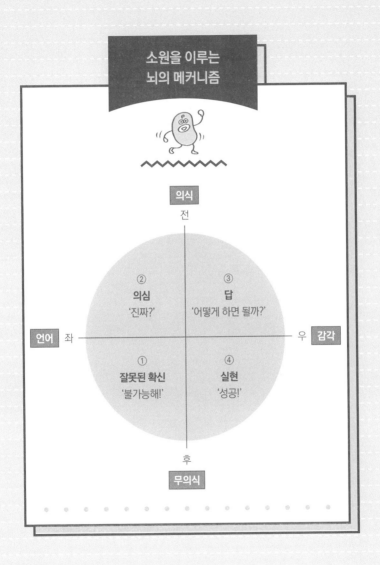

소원을 이루는
뇌의 메커니즘

의식

전

② 의심
'진짜?'

③ 답
'어떻게 하면 될까?'

언어 좌

우 감각

① 잘못된 확신
'불가능해!'

④ 실현
'성공!'

후

무의식

그렇구나! 이른바 사업가라는 사람들에게 한 달 1,000만 원은 당연한 일이구나. 그렇다면 나도 불가능하지 않겠다. 그 순간 뭔가 마음속 막혔던 곳이 뻥 하고 뚫리는 기분이었다.

하지만 방법을 몰랐다. 당시에는 남 앞에서 이야기하는 것을 직업으로 삼는다는 것은 상상도 못 했던 시기였지만, 틀림없이 방법이 있을 것 같았다.

그래서 '어떻게 하면 될까?' 하고 자신에게 물었다③.

그러자 이상한 일이 일어났다. 나의 경우 강연과 코칭, 책 출판, 지금이라면 유튜브 같은 대답이 갑작스럽지만 자연스럽게 찾아온 것이다.

그리고 최종적으로 월수입 1,000만 원이라는 소원이 현실이 되어 '성공!' 하고 실현되었다④.

내 안에 숨어 있는 잘못된 확신

이 과정에서 가장 중요한 것은 ②의 의심이다.

이것만 제대로 하면 사실 그다음부터는 자동으로 나아간다.

'어떻게 하면 될까?'라는 생각이 마구 솟아나면 그 대답도 자동으로 다가온다. 나머지는 실행만 하면 된다.

단, 아무리 의심한다고 해도 정체를 모르면 문제를 해결하기 어렵다.

문제의 정체는 바로 ①의 '불가능해!'라는 잘못된 확신이다.

사실 이것은 무거운 돌덩어리와 같다. 단지 '자신을 변화시키고 싶지 않다, 지키고 싶다'고 버티기 때문이다.

그럼 불가능하다고 믿어버리는 잘못된 확신은 어디에서 버티고 있을까?

바로 우리의 몸에 있다. 그곳에서 얼쩡대면서 소원이 이루어지는 것을 방해하는 것이다.

우리 몸에는 에너지가 모이는 자리가 일곱 군데 있는데, '일곱 가지 차크라'라고 부른다. 그 자리가 각각 활성화되어 있으면 본래 가진 힘이 발휘되어 소원이 쉽게 이루어진다.

하지만 잘못된 확신이 이 에너지를 방해한다.

다시 말해 이 돌덩어리 같은 잘못된 확신만 없애버리면 소원은 순조롭게 이루어진다.

그러니 제일 먼저 잘못된 확신을 찾아내서 그것에 대해 의심을 품으면 마치 들켰다는 듯 단념하고 사라져버린다.

그러면 오른쪽 페이지의 그림을 보고 1번부터 순서대로 읽어보자.

목표는 단순하다.

잘못된 확신의 정체를 명확히 파악하는 것이다.

그리고 그 돌덩어리 같은 잘못된 확신을 없애는 액션을 제안한다.

지금부터 소개하는 일곱 가지 액션만 실행해도 인생은 크게 달라질 것이다. 반드시 해보기 바란다.

잘못된 확신이 숨은 일곱 자리

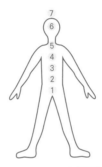

번호	위치	기능	역할
1	국부	생명력·탐욕	생명, 성, 물욕의 원천이며 탐욕을 부추긴다
2	단전	자립·창조력	의존에서 벗어나 진정한 자립, 창조력을 키운다
3	명치	자신감·근력	소중한 것을 지키고 자신을 믿는 힘을 단련한다
4	심장	자애·정서	선악의 판단 없이 모든 것을 사랑하는 마음을 인지한다
5	목	언어·표현력	폭넓은 의미에서의 커뮤니케이션 능력을 높인다
6	이마	직감·정신성	언어나 이성을 초월한 올바른 직감력을 높인다
7	두정	깨달음·우주	신의식으로 이어짐을 촉진한다

일곱 가지 액션은 사실 놀랄 만큼 간단하다.

이것저것 하지 않아도 된다. 인생은 그렇게 어렵게 생각할 필요도 없고, 그저 한 가지만으로도 반전이 일어난다. 소원을 방해하는 돌덩어리들을 없애버리자.

잘못된 확신을 물리치는 액션
① 금욕

"나는 바라는 게 없습니다."

때때로 이렇게 말하며 욕망을 갖지 않는 것이 수행자의 진정한 태도라든가 영성이 높은 사람이라고 생각하는 경우가 있는

데, 그건 생을 마감하는 순간에나 할 소리이다.

글자 그대로 탐욕을 버리는 순간은 '생명력'이 제로가 되었을 때이다.

그러므로 그 전까지는 당당하게 욕심을 부려야 하고, 그렇게 하는 쪽이 자연스럽다.

'페라리를 타고 싶다' '구찌 가방을 사고 싶다'는 욕망이 원동력이 되어서 일도 열심히 하게 되고, 그 결과 생활의 질도 높아진다. 페라리를 소유하는 것만으로도 만나는 사람들이 달라지고, 인생이 훨씬 재미있어진다. 마셔본 적 없는 고급 와인을 마신다는 목표만으로도 세상이 활짝 넓어진다.

솔직히 말하는데, 살아 있는 한 욕망을 가져야 한다.

물욕, 금전욕, 성욕…… 뭐가 됐든 부정할 필요는 없다.

따라서 액션 ①은 "욕심을 부리자!"라고 말하고 싶지만, 사실은 그렇게 간단한 문제가 아니다.

페라리나 구찌, 로마네 콩티를 갖고 싶다는 식으로 욕망이 구체적인 사람은 드물다. 오히려 하루하루 불만은 많지만 긍정적인 욕망이 많지 않은 사람이 대부분이다. 물욕에 대한 부정적 이미지, 혹은 욕심내는 것은 나쁘다고 배우며 생긴 믿음 때문이다.

따라서 맨 처음 없애야 하는 것은 '너무 욕심부리면 안 된다'
는 잘못된 확신이다.

욕망을 바라보는 세상의 시선은 결코 좋지 않다.

돈이 좀 있는 사람한테는 돈이라면 물불을 가리지 않는 인간
이라든지 수전노라고 비난한다. 자동차나 귀금속을 좋아하거나
물욕을 드러내는 사람은 천박한 돈의 노예로 취급한다.

하지만 욕망은 인간이 살기 위한 원천이어서 식욕이 없으면 목
숨을 부지할 수 없고, 성욕이 없으면 인류는 멸종한다. 우리가 지
금 이대로 좋다고 만족하면 세상의 발전은 멈추고 만다.

그러면 어떻게 해야 건전하게 욕망을 키울 수 있을까?

여기에서 액션!

차라리 '금욕'을 한다.

나는 2004년에 폭포수행을 알게 되었고, 그다음 해 2월부터
'21일 수행'에 도전했다.

폭포수행법을 얼추 익힌 뒤에는 뛰어난 영성을 가진 스님으로부터 인정을 받고 단독 수행에 들어갔다. 21일간 매일 아침 폭포를 맞는 동안에는 물고기가 포함되는 날도 있고 아닌 날도 있지만, 고기·술·성관계가 금지된다.

고기와 술을 끊는 것은 그다지 힘들지 않았다. 매일 아침 하는 폭포수행도 견딜 만했다. 하지만 성관계 금지는 상당히 곤혹스러웠다. 당시 서른두 살의 건강한 남성에게 일주일이라면 몰라도 21일간의 금욕은 정신이 멍해질 정도의 시간이라 솔직히 종반에는 번뇌에 잠기기도 했다.

마침내 21일 수행이 끝나자 모든 것에 감사하게 되었다.

식욕도 성욕도 잃지 않았을 뿐만 아니라, 오히려 지금까지 '욕망을 쓸데없이 낭비했다'는 사실을 깨닫고 욕망을 신중하게 마주 보는 법을 알게 되었다.

세상에서 '욕망'이 미움을 받는 이유는 그것이 독선적이거나 다른 사람에게 피해를 주거나, 조금 천박한 이미지를 가졌기 때문이다.

하지만 한 사람 한 사람이 욕망을 사랑하고 고마워하며 소중히 여긴다면 비난받을 일도 없을 것이다.

부디 실천해보기 바란다. 나는 21일간 성욕을 억누름으로써 어떤 깨달음을 얻었는데, '3일간의 단기 단식'으로도 비슷한 결과를 얻을 수 있다. 아니, 하루만 해도 좋다.

금욕을 통해 오히려 욕망의 좋은 점을 재확인할 수 있고, 더욱 건전하게 욕망을 활용할 수 있다.

• **잘못된 확신** 너무 욕심부리면 안 된다.

• **액션** 금욕(21일간의 성관계 금지, 단기 단식)

• **실천하면 이렇게 된다** 욕망의 긍정적인 면과 감사함을 재확인할 수 있고, 건전하게 활용해 더 나은 인생을 기대할 수 있다.

잘못된 확신을 물리치는 액션
②칭찬

부끄러운 이야기이지만 나는 가끔씩 한밤중에 과자가 먹고 싶을 때가 있다. 밤에 음식을 먹으면 좋지 않다는 건 알지만, 먹지 않으면 잠을 잘 수 없어서 그만 먹어버리고 만다.

이런 습관을 끊는 방법 중 효과를 본 것이 액션 ①에서 제안한 단식이다. 요컨대 '먹지 않겠다'고 결정하는 것이 중요하다.

또 한 가지 효과적인 방법은 거울을 보며 '너는 과자를 먹지 않는다'고 암시를 주는 것이다. 거울을 활용한 암시는 심리학이나 정신분석학에서는 널리 알려진 방법으로, 결국 자신에게 '너는 신념이 강하다'는 걸 보여주는 결단의 힘을 이용하는 것이다.

어쨌든 결정하는 것이 중요한데, 세상에는 결정을 내리지 못하는 사람이 상당히 많다.

과자를 먹지 않겠다든지 금연이나 금주도 강하게 마음먹으면 극복할 수 있는데, 개중에는 본인의 인생을 스스로 결정하지 못하는 사람도 많을 것이다.

그렇다, 두 번째는 '스스로 결정하면 안 된다'는 잘못된 확신이다.

내가 밤중에 과자를 먹는 것은 나도 모르게 쌓인 스트레스를 해소하기 위해서이다. 초콜릿을 한 입만 베어 먹어도 뇌에 달콤함이 퍼지면서 마음이 편안해진다. 아무래도 달콤함에 의존하고 있었던 모양이다.

키친 드링커(kitchen drinker)라는 말을 들어봤을 것이다. 대체로 여성, 특히 결혼한 주부에게서 많이 볼 수 있는데, 이 역시 스트레스나 쓸쓸함을 잊기 위해 혼자 술잔을 기울이다가 습관이 된 경우이다. 의존이 감각을 마비시킨 것이다.

스트레스는 힘들지만 자신에게 필요한 반응일 수도 있다. 또 때로는 스트레스가 창조적 에너지로 바뀌기도 한다.

하지만 뭔가에 의존해서 도피하는 것은 좋지 않다.

여기에서 중요한 것은 의존에서 벗어나는 것, 다시 말해 '자립'이다.

이너 차일드(inner child)라는 말이 있다. 직역하면 '내 안의 아이'라는 뜻인데, 몸은 어른으로 성장했지만 어린 시절 상처 입은 그대로의 자신이 남아 한 개인의 인생에 지속적으로 영향을 주는 존재를 말한다.

가령 어릴 때 열심히 공부했지만 부모한테 칭찬받지 못하고, 인정받지 못한 사람이라면 그때 채워지지 않은 감정이 잠재의식에 축적되어 어른이 된 뒤에도 가끔씩 슬픔이나 서운함, 외로움으로 불쑥불쑥 얼굴을 내밀곤 한다.

원래 아이는 어른에게 의존해서 살아가는데, 이는 지극히 자연스러운 일이다.

하지만 아이도 어쨌든 어른이 되고, 자립한다. 그렇게 되려면 스스로 자신을 인정할 줄 아는 것이 중요하다.

아이는 자라는 동안 부모에게 인정받아야 건강한 어른으로 성장한다. 태평양 남쪽의 어떤 섬에서는 용감하게 나무에서 떨어진 아이만 어른의 무리에 들어갈 수 있다고 한다. 번지점프의 기원이 된 통과의례이다.

그러나 통과의례를 거치지 않은 아이들은 주위 사람들에게 인정받지 못한 채 어른이 될지도 모른다. 내 안의 아이, 이너 차일드는 몸만 어른으로 성장하고 내면에는 슬픔과 외로움을 품은 채 살아간다.

내면에 잠재한 그 부정적 감정을 마비시키는 수단이 중독이고 의존이다.

그렇다면 어떻게 해야 의존에서 벗어날 수 있을까?

여기에서 액션!

"잘했어"라고 칭찬하면서 배를 톡톡 두드려주면 된다.

부모로부터, 사회로부터 인정받은 기억이 없더라도 이렇게 스스로 칭찬하면 어른이 된다.

따라서 다른 것에 의존할 필요도 없고, 모두 스스로 결정해도 된다.

과자나 술로 감각을 마비시키지 않아도 된다.

소원을 이루고 싶다면 이루겠다고 결정한다. 그것으로 된 것이다.

내 인생은 내가 결정한다. 모든 것은 내 손에 달렸다.

여러분은 이미 어떤 소원이든 이룰 수 있는 힘을 가지고 있다.

- **잘못된 확신** 스스로 결정하면 안 된다.

- **액션** "잘했어"라고 칭찬하면서 배를 톡톡 두드려준다.

- **실천하면 이렇게 된다** 자신 안의 이너 차일드가 치유되어 의존 없이

  자신의 인생을 스스로 결정할 수 있다.

잘못된 확신을 물리치는 액션
③ 근력

"좋은 사람 있는데 한번 만나볼래?"

보통 소개팅이나 맞선을 주선할 때 이렇게 말을 꺼낸다. 예전에 사귀었던 여성도 부모에게 이런 말을 듣고 나를 만나러 나왔다고 했다. 처음에는 별로 내키지 않아 그 자리에서 거절했다고. 그러면서 그녀는 이렇게 덧붙였다고 한다.

"세상에 나쁜 사람이 어디 있어요. 다 좋은 사람이죠."

물론이다. 나쁜 사람은 별로 없다. 100명 중 한 명 정도는 이른바 사이코패스 성향으로 태연히 거짓말을 하거나 사람을 해친다고 하지만, 99퍼센트의 보통 사람은 누구나 고통을 싫어하고 안전하게 살고 싶어 한다.

다시 말해 좋은 사람이라는 평가는 당연한 이야기이고, 적극적으로 평가받을 요소도 아니다.

그러니 우리는 모두 좋은 사람이다. 그러나 좋은 사람에게도 용기가 필요하다. 그렇다면 용기란 무엇일까?

나는 자신에게 중요한 것을 지키는 힘이 용기라고 생각한다.

SNS에서 본 영상이 하나 있다. 큰비로 물에 잠긴 둥지에서 어미 쥐가 물에 빠진 새끼 쥐를 구해내는 모습이었다. 나는 그 영상을 보고 크게 감동했다. 다정함만으로는 새끼를 살릴 수 없다. 오히려 진정한 다정함은 용기와 힘이 뒷받침되었을 때 빛난다는 사실을 새삼 깨달았다.

어미 고양이도 새끼 고양이를 지켜야 할 때는 털을 세우고 적을 위협한다.

다정하기만 한 사람이 인기가 없는 것도 이 때문이다. 옛날부터 여성들이 나쁜 남성에게 끌리는 것은 위험할 때 자신을 지켜 줄 것 같기 때문이다. 이것은 본능이다.

그렇다면 이른바 '좋은 사람'은 어떻게 만들어질까?

이것 역시 부모와의 관계에서 비롯한다. 아이에게 부모는 절대적인 존재이다. 부모에게 반항하는 것은 목숨을 포기하는 일이다.

가령 "너는 아무짝에도 쓸모없는 녀석이야!"라는 말을 들었다고 치자.

'쓸모없는 녀석'이라는 말은 너무 가혹한 표현이고, 부모에게 그런 말을 들으며 거부당한 아이는 몹시 두려움을 느낀다.

마음속으로는 '아니야!'라고 큰 소리로 반항하고 싶지만, 정말로 그랬다가는 더 무서운 소리를 들을지도 모르고, 또 의식주를 해결해주는 부모라는 보호막을 잃을지도 모른다. 그렇다면 잠자코 있는 편이 차라리 낫다.

'쓸모없는 녀석'이라는 말을 받아들이고, 반항하고 싶은 기분을 안으로 숨기는 편이 아이의 생존에 득이 되는 전략일 것이다.

그렇다, 세 번째는 '좋은 사람이어야 한다'는 잘못된 확신이다.

이럴 때 반항하고 싶은 마음을 '분노'라고 한다.

영성 분야에 따라서는 분노를 부정적 감정으로 보고 꺼리기도 하지만, 그건 말도 안 된다. 어미 고양이는 새끼 고양이를 지키기 위해 상대를 위협한다. 이때 나오는 감정이 분노이고, 분노는 소중한 것을 지키는 데 꼭 필요한 것이다.

예를 들어 지금 당신이 백화점에 가서 명품 지갑 하나를 샀다고 치자. 만일 그때 나쁜 악당 캐릭터가 나타나 지갑을 빼앗으려고 한다. 어떻게 대응할 것인가?

"이야, 지갑 좋은데? 이리 내놔! 네 건 내 거고, 내 것도 내 거니까!"

기가 약한 '좋은 사람'이라면 나중에 꼭 돌려달라고 말하고 건네줄지도 모른다. 나라면 상대의 눈을 똑바로 쳐다보고 조용하면서 단호한 목소리로 이렇게 말할 것이다.

 지금 누구한테 하는 소리야?

그러면 대개는 움찔하며 한발 물러선다.

하지만 이런 식으로 말할 자신이 없는 사람도 있다.

여기에서 액션!

필요한 것은 근력 훈련이다.

유명 인플루언서이자 베스트셀러를 펴내기도 했던 한 작가는 이렇게 말했다.

"근육 운동이 최강의 해결책이다."

이 말은 결코 허풍이 아니다. 물론 평범하게 산다면 주먹을 휘두를 일 따위는 없다. 문제가 생기면 처음부터 상식이나 법률로 해결하면 되기 때문이다.

하지만 막상 위급한 상황에 처했을 때 마지막에는 '힘'이 효과를 발휘한다. 극한에서 살아남는 힘이 바로 근력이고, 물리적인 힘이다. 비상시에 어떻게든 이길 수 있고 살아남을 수 있는 자신감의 원천은 체력, 곧 근력이다.

싸우는 기술이나 격투기를 배우라는 소리가 아니다.

또 싸움을 잘하라는 말도 아니다.

팔굽혀펴기를 해보면 누구나 도중에 털썩 엎어져 포기하고 싶은 순간이 온다.

처음에는 기를 쓰고 해야 30회 정도이지만, 꾸준히 하다 보면 근력이 생겨서 40회, 50회, 100회까지 할 수 있다. 이렇게 만든 근력은 살아가는 데 자신감으로 이어진다.

근력 훈련의 좋은 점은 자신과의 승부라는 데 있다. 다른 사람과는 관계가 없으며, 또 노력하면 한 만큼 반드시 결과를 얻는다.

근력 훈련 하나로 유사시에 한계를 뛰어넘을 수 있고, 자신을 초월할 수 있다.

팔굽혀펴기가 힘들다면 플랭크(plank)도 좋다.

양쪽 팔꿈치를 바닥에 대고 신체를 지탱하는 자세인데, 보기보다 쉽지 않아서 체력이 뒷받침되지 않으면 10초도 견디지 못한다. 하지만 11초, 12초, 1분으로 시간을 늘리다가 2분 정도 버틸 수 있으면 OK. 이제는 매일 꾸준히 하면 된다.

이것이 '자신감'과 '소중한 것을 지키는 힘'을 밑바닥에서부터 길러준다. 여러분은 자신의 소원이 소중하지 않은가? 그렇지 않을 것이다. 그렇다면 분노를 인정하자. 그리고 근력을 기르자.

근력은 소원을 이룰 수 있는 밑바탕이다.

- **잘못된 확신** 좋은 사람이어야 한다.
- **액션** 근력 훈련(한계까지 팔굽혀펴기, 하루에 2분 플랭크)
- **실천하면 이렇게 된다** 인생에서 소중한 것을 지키는 데 필요한

  자신감이 생긴다. 위험에서 살아남을 수 있다는 자신감이 생긴다.

잘못된 확신을 물리치는 액션
④부처님의 눈

한 유명 블로거가 트위터에 자전거를 타고 술 마시는 모임에
갔다고 올린 글에 "그것도 음주 운전이다!"라고 비난하는 댓글
이 수없이 달린 것을 본 적이 있다.

그 사람이 모임에서 술을 마시지 않았을 수도 있고, 택시를 타

고 귀가했을지도 모른다.

확실히 이 사회에는 질서를 유지하는 법률, 규범, 상식이 필요하다. 그렇지 않으면 사회질서가 무너지니까. 하지만 어느 정도는 자연스럽게 공동체의 합의에 맡겨도 되지 않을까?

법에 저촉되는 일이 일어나면 법률에 판단을 맡기면 된다. 법에 저촉되지 않아도 도덕성에 어긋나는 일이라면 사람들이 알아서 외면한다. 다시 말해 공동체에서 자연스럽게 쫓겨나는 것이다.

하지만 사람은 정작 자신이 정의의 편이라고 생각하면 끝없이 잔혹해지는 것 같다.

인터넷에서 벌어지는 비방이나 악성 댓글 따위가 그렇다. 프로그램에서 한 연예인의 태도가 조금 불량했다는 이유로 많은 사람이 그를 공격한다. 그래서 자살에 이른 사람도 있다. 애초에 연예인의 나쁜 태도도 프로그램의 연출일 뿐인데 말이다.

아이들 사이의 따돌림도 그렇다. 일단 비호감이라는 꼬리표가 붙은 아이는 따돌림을 당해도 되는 대상이 된다. 직접 관계가 없는 사람들도 비호감을 제거하는 것만이 정의가 되어 따돌림은 정당화되고, 집단으로 상처를 입힌다.

사람은 어째서 정의라는 이름 아래 그렇게까지 잔혹해질 수 있는 걸까?

그것은 인간의 본능이기 때문이다. 살아가기 위해서 우리는 늘 판단을 강요받는다.

예를 들어 비 온 뒤 물웅덩이가 생겼다고 거기에서 낚시를 하는 사람은 없다. 이것도 일종의 판단이다. 살기 위해서는 물고기가 있는 연못을 찾아야 한다. 그 연못에는 물고기가 있다고 판단했기 때문이다. 이 논리로 말하면 물고기가 있는 연못이 정의이고, 물고기가 없는 웅덩이는 악이 된다.

그렇기 때문에 물웅덩이에 '여기에는 물고기가 없다'는 꼬리표를 붙이고 사람들에게 알려서 물웅덩이를 철저하게 망쳐버리는 것이다. 그렇다면 물웅덩이는 정말 절대 악일까?

신종 코로나바이러스 소용돌이 속에서 마스크는 필수품이 되었다. 마을이나 학교를 지킨다고 나서는 자발적 봉사자들은 신종 코로나바이러스로부터 사람들을 지키기 위해서라며 때려서라도 마스크를 착용하게 한다. 그것이 정의라고 믿기 때문이다.

대체 무엇이 옳은 것일까? 정답을 말하자면 절대적인 정의는 존재하지 않는다.

누군가에게 화를 내는 것은 '자신이 옳다'는 믿음 때문이다.

그렇다,

네 번째는 '자신은 늘 옳다'는 잘못된 확신이다.

배우자에게 화를 내는 사람이 있다. 두 사람은 애초에 서로 사랑해서 결혼하지 않았을까?

회사가 악덕 기업이라 불합리한 취급을 받는다고 불평한다. 하지만 그 회사를 선택한 사람은 자기 자신이다.

무능한 정부를 탓한다고 생활이 나아지는 것은 아니다. 하지만 똑같은 나라에서 편하게 지내는 사람도 있다.

화가 나는 것은 거기에 '판단'이 있기 때문이다. 자신이 정의라는 것을 전제로 하기 때문이다. 하지만 시대를 막론하고 절대적인 정의는 없었다.

배우자가 나쁘다고 생각하겠지만, 상대방 역시 똑같이 생각할지 모른다.

기업 쪽에서 보면 오히려 내가 쓸모없는 직원일 수 있다.

무능한 것은 정부가 아니라 오히려 내가 아닐까?

이렇게 생각하는 편이 더 마음 편하지 않을까?

말은 이렇게 하지만 화가 나는 것은 정말 화가 난다. 아무리 이해하려고 해도 그 마음만으로는 해결하기 어렵다.

여기에서 액션!

부처님처럼 눈을 떠보자.

구체적으로 보여주면 이런 모습이다.

우리는 화가 날 때 상대에게 시선을 집중한다.

'내가 옳은데, 나는 나쁘지 않은데 상대는 왜 저럴까?'

몸은 부들부들 떨고 눈에는 틀림없이 힘이 잔뜩 들어갔을 것이다. 따라서 의식적으로라도 눈에서 힘을 빼보자.

갓 태어난 아기는 멍하고 있을 때가 많다. 깨어 있는지 자는지조차 알 수 없을 정도이다. 눈앞에서 손을 흔들어도 알아차리지 못하기도 한다.

이때 아기의 시선은 '점'이 아니라 '면'을 보고 있는 것 같다.

어떤 한 점을 응시하는 것이 아니라(중심 시야), 이 세상 전체를 물끄러미 바라보는 것 같다(주변 시야). 그 흐릿한 시야가 바로 '부처님의 눈'이다.

깨닫기 일보 직전의 눈이라고도 할 수 있겠다.

화가 나면 부처님의 눈을 떠올려보자. 우선 연습부터 하자.

자신이 상대에게 화가 났듯 상대도 내게 화가 나 있다. 각자 정의가 있고 서로 싸우고 있는 것이다.

하지만 이런 싸움은 아무리 시간이 흘러도 결말이 나지 않는다. 그렇다면 인간에서 한 단계 위로 올라가 부처님이 되면 된다. 싸움의 무대에서 내려와 넓은 마음으로 선악을 뛰어넘은 '사랑의 눈'으로 세상을 바라보는 것이다.

그러면 판단에서 해방되고, 짜증 나지 않는다. 우주의 넓은 시야로 세상을, 인생을 내려다본다.

그러면 상대의 마음을 이해할 수 있을지 모른다.

소원을 이룰 새로운 시각을 갖게 될지 모른다. 진리에 다가갈 수 있을지 모른다.

- **잘못된 확신** 자신은 늘 옳다.

- **액션** 부처님처럼 눈을 떠본다.

- **실천하면 이렇게 된다** 선악을 뛰어넘은 우주의 시야로 세상을 바라보고, 진리에 가까이 다가갈 수 있다. 소원을 이룰 새로운 발상이 찾아온다.

잘못된 확신을 물리치는 액션
⑤ 발성 연습

1997년, 나는 9개월 동안 세계를 여행했다. 20개국 넘게 돌아다니며 깨달은 사실은 영어는 국제 언어가 아니라는 것이었다. 동유럽에서는 외국어라고 하면 영어보다 독일어와 러시아어를 꼽는다. 중동에서도 관광지를 빼면 대체로 영어가 통하지 않는다. 중국도 그랬다.

결국 최종적으로 통했던 언어는 모국어였다.

물론 상대가 우리 언어를 이해한다는 뜻은 아니고, 흥정이나 말싸움을 할 때는 서툰 영어보다 모국어가 훨씬 잘 통한다는 소리다. 말에 표정과 감정이 실리기 때문인 것 같다.

세상을 멋지게 살아가는 데 가장 효과적인 무기는 역시 소통 능력이다.

일을 잘한다거나 이성에게 인기가 있다거나 사람들에게 사랑받는 사람은 대개 소통 능력이 뛰어나다.

돈이나 연애, 세상의 많은 소원은 사실 뛰어난 소통 능력으로 꽤 해결된다. 이러한 소통 능력을 향상시키는 데 중요한 첫 번째 조건은 자신감이다.

영어가 서툴러도 자신감과 배짱만 두둑하면 여행이 즐겁다.

중학교부터 대학까지 10년이나 영어를 공부했음에도 영어로 대화하지 못하는 것은 문법이니 발음이니 따져가면서 '제대로 해야만 한다'는 잘못된 확신 때문이었다.

바로 이것이 무거운 돌덩어리, 다섯 번째 잘못된 확신이다.

아시아 국가 중 그래도 영어를 잘한다고 하는 인도나 싱가포

르의 영어도 영미권에서 보면 자기들 언어와는 완전히 다른 발음이다. 그래도 말이 통하는 것은 그들이 '이렇게 말해도 다 알아듣는다'고 믿기 때문이다. 제대로 해야 한다고 생각할수록 몸과 마음이 위축되고, 결국 말이 입 밖으로 나오지 않는다.

하지만 자신감과 배짱이 없는 사람에게 당장 배짱을 가지라고 말하는 것도 가혹한 짓이다.

게다가 나는 누구나 간단히 소원을 이루는 액션을 제안하고 있으므로 배짱을 가지라고 말하는 건 적합하지 않다.

그러면 의사소통이 서툴고, 숫기가 없고, 배짱도 없는 사람이 즉시 소통 능력을 높이려면 어떻게 해야 할까?

답은 '발음 연습'에 있다!

방송에 나오는 사람에게 "발음이 나쁘다"는 평가는 상당히 치명적이다. 연예인이나 아나운서, 뉴스 앵커처럼 이야기를 전달하는 사람은 정확한 발음이 기본 조건이기 때문이다. 아무리 좋은 내용이라도 웅얼거리거나 작은 목소리로 표현하면 듣는 사람도 어려움을 겪고, 이야기의 신뢰성도 떨어진다.

세계를 여행하는 배낭족이 자신도 모르게 유창해지는 언어가 있다. 바로 스페인어이다.

듣기로는 스페인어 문법이 결코 쉽지 않다고 하지만, 발음이 까다롭지 않아 비교적 쉽게 배울 수 있다.

아무리 멋지게 혀를 굴려서 발음해도 영어는 잘 통하지 않는다. 상대방이 몇 번이나 '뭐라고?' 하는 표정을 지으면 점점 자신감이 떨어지게 마련이다. 그에 비해 스페인어는 알파벳 그대로 읽어도 알아듣는다. 그렇기 때문에 무슨 소린지 모르겠다는 반응이 상당히 적다.

우리말 역시 상대방이 내 말을 잘 알아들으면 의사소통에 자신감이 생긴다. 비결은 정확한 발음이다.

그러면 어떻게 하면 발음이 좋아질까?

여기에서 액션!

'아 에 이 오 우' 발성 연습.

이것은 아나운서나 연극배우의 발성 연습법 중 하나이다. 내 마음의 멘토이기도 한 영업의 신 가가타 아키라 선생의 세미나에서도 실천한 방법이다. 영업에서 이해관계가 일치하지 않는 상대와 흥정하거나 타협할 때는 물 흐르듯 부드럽게 협상을 이끌어가는 토크 능력이 가장 중요하다는 것이 그때의 가르침 중 하나였다.

나는 현재 영업은 하지 않지만, 지금 하는 일에 발성 연습은 상당히 큰 도움이 된다.

유튜브에 올리는 내 동영상은 대본도 없고 거의 편집도 하지 않는다. 막연히 주제만 정해서 파파팍 애드리브로 떠들고 끝낸다. 이 개인기를 떠받쳐주는 것이 바로 발음이라고 생각한다.

팔굽혀펴기나 플랭크를 당장 시작할 수 있는 것처럼 이 발성 연습도 장소만 잘 선택하면 즉시 할 수 있다. 내 경험상 차 안에서 하는 것이 제일 좋다.

처음에는 '아 에 이 오 우'를 하나씩 구별해서 발음한다.

음악 용어로 말한다면 스타카토 창법으로, 그러다가 익숙해지면 서서히 속도를 내서 말한다.

이 훈련의 최대 장점은 근력 훈련이나 조깅처럼 많은 사람에게 알려지지 않았다는 점이다. 다시 말해, 실천하면 하는 만큼

격차가 생긴다. 하지 않으면 손해다.

의사소통에는 배짱도 필요 없고, 지식이나 기술도 필요 없다.

우선은 발음이다. 물리적으로 발음만 개선해도 말하는 데 자신감이 생긴다.

인류사에서도 호모사피엔스가 네안데르탈인을 이긴 요인으로서 발화(發話) 시스템이 발달했다는 설이 있다.

생각을 표현하는 물리적인 방법, 말을 정확하게 할 줄만 알아도 세상살이는 훨씬 편해진다. 호모사피엔스는 발음으로 살아남은 것이다.

'제대로 해야 한다'는 생각에 너무 얽매일 필요는 없다.

'아 에 이 오 우'로 말의 근력을 단련하면 지금보다 훨씬 살아가기 쉽고, 인생이 즐거워진다.

- **잘못된 확신** 제대로 해야 한다.

- **액션** '아 에 이 오 우' 발성 연습

- **실천하면 이렇게 된다** 물리적으로 발성이 좋아져서 자신감이 생기고

  상대방과 말이 잘 통하게 된다. 소통이 즐거워진다.

  커뮤니케이션 능력이 높아져 살아가는 힘이 강해진다.

잘못된 확신을 물리치는 액션
⑥ 명상

우리 할머니는 내가 스무 살 되던 해에 돌아가셨다.

살아 계실 때도 나는 할머니와 무척 가까웠지만, 돌아가신 뒤에 할머니의 존재를 더 강하게 느꼈다.

지금 이 순간에도 그렇다.

회사를 그만두고 독립한 지 15년, 그동안 절박할 때마다 "할머니, 도와줘요"라고 중얼거리면 어디선가 "아자아자" 하는 소리가 들려오고, 놀랍게도 곧 실마리가 풀리곤 했다.

사실 어디선가라고 했지만, 정확히 말하면 '오른쪽 위'에서 자주 들린다.

회사를 그만둘 때도 "이제 그만둬도 괜찮아"라는 말소리가 들렸는데, 그것 역시 오른쪽 위에서였다.

이 이치를 이제는 이해할 수 있다. 일반적으로 '시간의 축'을 그었을 때, 왼쪽이 과거, 오른쪽이 미래라고 한다(다음에 소개하는 그림 참조).

나의 할머니처럼 수호신이라고 불러도 좋은, 눈에 보이지 않는 존재로부터 들려오는 말소리는 어쩌면 미래에서 오는 것이 아닐까 생각한다.

과거는 기억으로서 뇌에 저장되어 있다.

그에 반해 미래는 아직 일어나지 않은 일이므로 미래(未來)라는 글자 그대로 '아직 오지 않은' 시간이다.

하지만 어쩌면 미래는 이미 정해져 있는 것이라는 생각도 든다.

"회사를 그만둬도 괜찮아"라는 강하고 확신에 찬 말소리가 들린 것도, "도와줘요"라고 했을 때 "그래!"라고 돌아온 대답도 미래의 내가 할머니 목소리를 빌려 미래를 보여준 것인지 모른다.

187쪽의 그림으로 돌아가보자.

미래에서 온 소리는 틀림없이 ③의 '어떻게 하면 될까?'에 대한 대답이다. 지금까지 말한 잘못된 확신 ①부터 ⑤까지는 각각 다음과 같았다.

① 너무 욕심부리면 안 된다.
② 스스로 결정하면 안 된다.

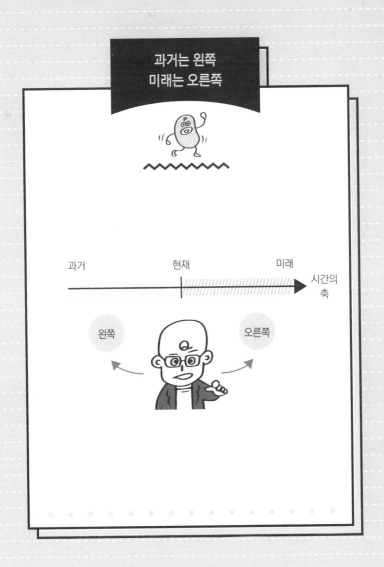

③ 좋은 사람이어야 한다.

④ 자신은 늘 옳다.

⑤ 제대로 해야 한다.

이것은 187쪽의 그림 ①에 해당하는, 나도 모르게 내 능력을 제한해버리는 확신들이다.

이에 대해 '진짜 불가능할까?'라며 의심하고, 그것을 해결하기 위한 액션을 제시한 것이다.

여기에서 자연스럽게 다음 단계인 '어떻게 하면 될까?'로 옮겨가는데, 바로 '오른쪽 위'에서 그 대답이 찾아오는 것이다.

지금 '오른쪽 위'의 정해진 미래에서 메시지가 도착했다.

• 신종 코로나바이러스는 종식된다.

• 신종 코로나바이러스로 인류는 크게 진화한다.

그렇다, 이 정도는 누구나 할 수 있는 말이다.

하지만 이견을 제기할 사람은 거의 없을 것이다.

이 두 가지 평범한 메시지, 다들 '평범하다'고 느낀다면 이것이 바로 미래에서 온 메시지임이 틀림없다.

미래는 정해져 있다. '지금, 여기'의 연장선에 미래가 있고, 최고의 대답이 준비되어 있다. 그러나 대부분의 사람은 미래는 알 수 없다고 단정한다.

이것이 여섯 번째, '미래는 알 수 없는 것이다'라는 잘못된 확신이다.

"어떻게 하면 될까?"라고 '오른쪽 위'에 질문하면 반드시 미래에서 대답이 도착한다. 미륵보살이 56억 7,000만 년 뒤인 미래에서 사람들을 구제하듯 정답은 이미 나와 있다.

그렇다면 어떻게 해야 자연스럽게 그 대답을 받을 수 있을까?

여기에서 액션!

명상을 한다.

절박한 상황에 맞닥뜨렸을 때 조용한 곳에서 눈을 감고 "어떻게 하면 될까?" 하고 물어본다. 시각과 청각이 차단되면 제3의 눈에 깃든 '직감'이 깨어난다.

그것이 바로 미래를 보는 눈이다.

명상이라고 하면 형식을 따지는 사람이 있는데, 몇 가지 핵심만 지키면 된다. 우선 명상에는 두 가지가 있다.

하나, 목적 명상

문제를 해결하거나 소원을 실현하는 등 특정한 목적을 위해서 명상한다. '뇌의 오른쪽 위'에 대고 "어떻게 하면 될까?" 하고 질문하면서 조용히 눈을 감는다. 억지로 대답을 찾으려고 애쓸 필요는 없다. 중요한 것은 그저 질문하는 것뿐이다.

그러면 문득 힘을 뺐을 때, 오른쪽 위에서 목소리가 들려올 것이다. 물론 '목소리'라고 했지만 물리적으로 들리는 것이 아니라, 마치 말하는 것처럼 마음을 울리는 감각이라고 해도 좋다.

뇌는 질문에 반드시 대답한다. "왜 안 되는데?"라고 물어보면 안 되는 이유를 상황 등으로 제시한다. "어떻게 하면 될까?"라고 물으면 그 역시 솔직하게 메시지로 대답해준다.

둘, 무목적 명상

아무런 목적 없이 몸에 힘을 빼고 눈을 감는다. 질문도 하지 않고 생각도 멈춘다. 의식적으로 무의식 상태를 만든다. 이것은 직감력을 단련하는 훈련이라고도 할 수 있다.

이른바 제3의 눈이 활성화되어 중요한 것을 쉽게 알아차리게 되는데, 특히 '불길한 예감'을 잘 느낀다. 그리고 미래의 메시지에 민감해진다.

두 가지 모두 시간은 15분 이내가 바람직하다.

명상이 너무 길어지면 도파민이나 세로토닌 같은 쾌락 물질이 많이 분비되어 중독되기 쉽다. 물론 쾌락 물질을 내게 하는 것이 목적이라면 그것대로 좋지만, 내가 바라는 목적은 아니다.

어디까지나 나는 인생은 실제로 살며 느끼는 것이 기본이고, 구체적인 소원을 이루고 싶다. 어떤 상황에서든 미래를 의식하고, 거기에서 최선의 답을 받는다. 그리고 그 답을 신뢰한다.

15분 이내라면 1분이든 10분이든 상관없다. 명상을 습관화함으로써 직감력을 연마한다. 그러면 말과 이성을 초월한 미래에서 자신에게, 그리고 인류 전체에 보내는 행복한 메시지를 받을 수 있을 것이다.

- **잘못된 확신** 미래를 알면 안 된다.

- **액션** 명상

- **실천하면 이렇게 된다** 직감이 깨어나 "어떻게 하면 될까?"라는 질문에

  해당하는 메시지를 받을 수 있다.

잘못된 확신을 물리치는 액션
⑦웃음

영성에 관해 이야기하다 보면 반드시 받는 질문이 있다.

사후 세계와 전생, 윤회, 전생에 관한 것이다.

다시 말해 사람이 죽으면 어떻게 될까? 대개 이쪽 계통에 관심 있는 사람들은 나름대로 답을 가지고 있는 것 같다.

나도 예전에는 사람이 죽으면 다른 세상으로 간다고 믿었다.

어려서 들은 대로 생전에 좋은 일을 많이 하면 천국에, 나쁜 일을 많이 하면 지옥에 간다고 믿었다.

그리고 거기까지 가는 도중에 큰 강을 만나는데, 건너편에서 죽은 지인이 마중 나와 손짓하며 부른다는 것이다. 때때로 죽었다가 살아 돌아오는 사람은 그 부름을 뿌리치고 온 것이라고.

하지만 어느 날 문득 이런 생각이 들었다. 누가 확인했을까?

물론 사후 세계를 체험했다는 사람은 있지만, 애초에 살아 돌아왔다는 것은 죽은 것이 아니었다. 분명히 사고나 병으로 거의 죽을 뻔했어도 지금은 살아 있으니 그 사람은 죽은 것이 아니다.

죽음이란 영원히 돌아오지 못하는 상태이니까.

내가 이렇게 주장하자 어떤 영성 전문가는 "30분 동안 호흡과 심장이 멈추면 죽은 겁니다"라고 반론했다.

잠깐만. 그렇다면 30분이라는 건 누가 정했을까? 인간이다. 그럼 29분이면 죽은 것이 아니라는 뜻인가? 의학 법률이나 관습이 바뀌어서 기준이 40분이나 1시간이 된다면 그것으로 죽음의 개념이 달라질까?

아무리 빈사 상태에 빠졌더라도 살아 있다면 그 사람은 죽은 것이 아니다. 삶과 죽음의 경계는 절대적이고, 중간도 없으며,

오가는 것도 불가능하다.

그러면 누군가 나에게 사후 세계나 전생, 윤회에 대해 어떻게 생각하는지 말해달라고 하면 나의 대답은 "모른다"이다.

이 진리에 도달했을 때 웃음이 터져 나왔다. 사후 세계처럼 절대로 알 수 없는 대상을 두고 이러쿵저러쿵 갑론을박하는 건 누구에게 득이 될까?

솔직히 앞으로 과학과 의학이 아무리 발달해도 사후 세계를 객관적으로 아는 것은 영원히 불가능하다.

그렇다면 그런 생각을 하는 건 그야말로 쓸데없는 일이다.

물론 철학과 종교에서의 생사관(生死觀)은 중요하다. 하지만 사후 세계를 완전히 무시하고 사는 것도 훌륭한 삶의 자세이다.

사후 세계, 모르는 것은 모르는 것이다. 그렇다면 중요한 것은 무엇일까?

그것은 압도적인 리얼리티, 바로 '살아가는 것'이다.

'지금, 여기'에서 살아가는 것

'독전(毒箭)의 비유'라는 유명한 설화가 있다.

갑자기 날아온 독화살에 맞았다. 그 화살은 누가 쏘았을까? 왜 쏘았을까? 활은 무엇으로 만들었을까? 줄은? 날개는?

독화살을 맞은 사람이 화살을 뺄 생각은 하지 않고 그 화살을 쏜 자는 누구인지, 어디서 날아왔으며, 무엇으로 만들었는지 궁금해하는 어리석음을 이르는 이야기이다.

"어이, 이보게! 그런 걸 따지기 전에 어서 화살부터 빼시게."

사람이란 아무튼 '아는 것'에 너무 집착한다.

물론 아는 것을 탐구한 덕분에 세상이 발전했고, 생활이 편리해진 점도 있다. 이는 중요한 일이다. 하지만 지나치게 아는 데 집중하느라 '지금, 여기'에서 실재하고 있는 삶의 순간을 잊은 건 아닐까?

정말이지 '몰라도' 된다. 여섯 번째 잘못된 확신과는 모순된 소리로 들릴지 모르지만, 결코 그렇지 않다. 아는 것도 모르는 것도 모두 진리이다. 인류 역사는 '알려고 하는 것'에 소비되었고, 그 덕에 세상이 편리해진 것은 사실이다.

하지만 너무 아는 것만 추구한 나머지 어느새 아는 것에 쫓겨,

모르는 것을 악이라고 할 때도 있다.

마지막 돌덩어리는 '알아야 한다'는 잘못된 확신이다.

인도를 여행하는 데 인도가 어떤 나라이고, 문화는 어떻고, 어떤 사람들이 사는지 알 필요는 없다. 정말로 아무래도 상관없다!

그보다 더 중요한 것은 여행 그 자체를 즐기는 마음이다. 그렇다면 즐긴다는 것은 무엇일까? 어떻게 하면 즐길 수 있을까?

여기에서 액션!

웃는다.

20대 후반의 나는 완벽한 니트족이었다. 어렵게 들어간 대학원이 적성에 맞지 않아서 그만두고 아르바이트도 하지 않은 채 무기력하게 살았는데, 그때는 인터넷도 없어서 텔레비전이 유일한 즐거움이었다.

그러던 어느 날, 드라마를 보다가 이런 대사를 들었다. "인간은 무엇을 위해 태어났을까?"라는 동료 교사의 질문에 주인공은 이렇게 대답했다.

"웃기 위해서이지. 웃음은 인간만이 가진 유일한 특권이거든."

그 말을 들었을 때 숨이 턱 막혔다. 대학원에서 좌절을 겪은 이후 나는 거의 웃지 않고 살았다. 인간이 웃기 위해서 산다니, 얼마나 단순 명쾌한가.

마찬가지로 한 개그맨은 개그 경연 대회 결승의 마지막 부분에서 이런 대사를 날렸다.

"머지않아 '지구 최후의 날에 하게 될 마지막 한마디'를 알려 드립니다."

뿌, 뿌, 뿌, 뿌우(정각을 알리는 소리)

"모두, 웃자!"

아마 눈치 빠른 사람은 이해했을 것이다.

오늘이 지구 마지막 날이라면 무엇을 하고 싶은가? 맛있는 음식을 먹거나 술 한잔하거나 좋아하는 사람을 만나거나 음⋯⋯ 이런저런 생각이 떠오르지만, 모든 걸 하나로 정리하면 결국 '웃으러' 간다는 소리이다.

지구 최후의 날에 실천할 궁극의 소원이 웃는 것이라면 지금

하면 된다.

알면서도 실천하지 않는다는 건 너무 아깝지 않은가. 이 소중한 인생에서 말이다.

웃는 것은 기쁨이다. 우주에는 기쁨만 있다. 다시 말해 기쁨은 신인 것이다. 소원 실현의 궁극은 참된 기쁨으로 이어지는 것! 이 말은 우주이고 점점 좋아지는 신의식이다.

미국 원주민들의 속담 중에 "죽을 때 주위 사람들은 울지만 나는 웃는다"는 말이 있다. 생을 마감하는 가장 이상적 표현이다.

웃고 있는 아기는 신 그 자체이다. 웃는 것으로 신이 될 수 있다면 지금 웃으면 된다.

행복하기 때문에 웃는 것이 아니라, 웃으니까 행복한 것이다. 이것 외에 아무것도 필요 없다. 웃자!

- **잘못된 확신** 알아야 한다.

- **액션** 웃는다.

- **실천하면 이렇게 된다** 신의식에 이어진다.

미래는 멋지고
우리 삶은 점점 좋아진다!

이제 포기하라

이제 마무리할 때가 되었다. 일단 저자로서 여기까지 읽어준 독자에게 진심으로 감사드린다.

이 책 마지막 부분에서 한 가지 더 전하고 싶은 말이 있다.

이제 포기하라는 것이다.

이 책을 끝까지 읽은 만큼 이제 불행해진다는 선택지는 사라졌다. 왜냐하면 '점점 좋아진다'는 우주적 진리를 알아버렸으니까.

하지만 "아니, 읽었지만 아직 잘 모르겠어요"라고 말하는 분도 있을지 모르겠다.

그렇게 말하는 사람은 도중에 읽는 것을 포기했기 때문이다.

이런 논리는 사실 유튜브에서도 자주 사용한다.

동영상의 경우는 대개 재생 버튼을 누른 뒤 2초쯤 지나면 보던 사람들이 1차로 쫙 빠져나가고, 그 후 이탈자가 늘어나 끝까지 보는 사람은 대략 처음의 60퍼센트 정도이다.

하지만 이것은 꽤 대단한 수치이다. 유명 유튜버들도 "10분짜리 동영상에서 시청 유지율 40퍼센트를 목표로 한다"고 말하기 때문이다.

어쨌든 내 동영상은 약 60퍼센트가 끝까지 이탈하지 않고 본다. 그 결과 사람들은 머리가 좀 이상해진, 시쳇말로 맛이 간 수준으로 행복을 받아들이고 있다.

이 책도 마찬가지이다. 나는 5개월에 걸친 집필 기간(나로서는 상당한 시간을 들였다) 동안 한 글자 한 글자에 '점점 좋아진다'는 마음을 담아서 잠재의식에 파파팟! 하고 인스톨할 준비를 했다.

어쨌든 여러분은 인생의 귀중한 시간을 할애해서 책을 끝까지 읽은 것만은 사실이다.

우선 이 점을 솔직히 인정한다. 그러면 이제 인생은 점점 좋아지기 마련이고, 어차피 좋아진다는 것을 전제로 헤헤 웃으며 살

아가면 된다.

이제 행복해질 수밖에 없으니 진짜 포기하기 바란다!

그런 다음 또다시 마법을 걸어보자.

'앞으로 대단한 일이 자꾸만 일어난다!'

48시간이랄 것도 없이 매일, 매시간, 매분, 매초…… 앞으로 쭉쭉 대단한 일이 일어날 테니 마음껏 즐기기 바란다.

결국 세상은 내가 보고 있는 것이 현실이 된다.

점점 좋아지고 어차피 좋아진다. '신으로서' 살고 있다면 대단한 일이 일어나는 건 당연하다.

그렇다면 솔직하게 즐기자. 쓸데없는 일은 생각하지 말고, 짜증 내지 말고, 무리하지 말고, 즐기면서 이 대단한 인생을 걸어가자. 어찌 설레지 않을 수 있겠는가!

완전히 달라졌다

이 책을 쓰고 있는 2020년 7월 중순, 정확히 '오른쪽 위'에서 이런 메시지가 도착했다.

'8월 1일부터 파동이 바뀐다.'

뭐가 어떻게 구체적으로 바뀌는 것까지는 받지 못했지만, 어쨌든 '파동이 바뀐다'는 메시지만 도착했다.

그 목소리에 대해 이러쿵저러쿵 판단을 더하지 않고, 솔직히 유튜브에 공개했다.

그리고 8월 1일에 무슨 일이 일어났을까?

2020년, 관측 사상 드물게 이어지던 길고 지독한 장마가 갑자기 끝나고 무지개가 떴다.

마침 그날, 도쿄에서는 140명이 모이는 파티가 열렸다고 한다. 신종 코로나바이러스감염증 확진자가 폭증하고 있던 터라 정말이지 미친 기획이었다고 생각하지만, 다행히 파티 후 2주가 지나도 참가자 누구 하나 탈 없이 잘 지내고 있다.

8월 1일, 그 파티에 참가한 어떤 사람이 이렇게 말했다.

"이 자리는 곧 다가올 미래이다! 바깥은 잔뜩 구름이 끼어 있지만 이곳만큼은 다른 세상처럼 빛나고 있다!"

어떻게든 되겠지. 물론 무리·억지·무모는 금물이고 현실적인 대응은 계속하겠지만, 마음만큼은 꽃밭이 되어 즐겁게 지내고 싶다.

이미 파동은 변했으니까.

지금은 세계적으로 대변혁이 일어나고 있으며, 생활 방식이 바뀌고 의식과 기술도 완전히 달라지고 있다.

과거보다 올해, 올해보다 내년.

그리고 어제보다 오늘, 오늘보다 내일.

점점 좋은 시대가 펼쳐질 것이다. 그것만이 우주적인 진실이니까. 느긋하게, 그리고 모두 웃자. 하! 하! 하!

자, 정말로 마지막.

전작을 출간한 지 어느덧 5년이라는 시간이 흘러 당시 갓 태어난 막내아들이 다섯 살, 둘째 아들이 여덟 살, 큰아들이 열한 살이 되었다.

나도 물론 성장했다.

여러모로 주변 사람들도 성장했고, 세계도 점점 좋아지고 있다는 것을 새삼 실감한다.

도움을 주는 출판사 관계자분들, 그리고 내 책과 블로그·유튜브를 찾아주는 여러분, 그리고 사랑하는 가족 덕분에 즐겁게 책을 써서 세상에 내놓을 수 있었다.

미래는 멋지다! 점점 좋아진다!

이시다 히사쓰구

참고 문헌

파울로 코엘료, 《연금술사》, 문학동네, 2014

한스 로슬링, 올라 로슬링, 안나 로슬링 론랜드, 《팩트풀니스(FACTFULLNESS)》, 김영사, 2019

유발 노아 하라리, 《사피엔스》, 김영사, 2015

유발 노아 하라리, 《호모 데우스》, 김영사, 2017

이시즈카 신이치(石塚真一), 《BLUE GIANT》, 대원씨아이, 2014

강가 에루로(管賀江留郎), 《태평양전쟁 이전의 소년 범죄(戦前の少年犯罪)》